KB019275

노동조합은 처음이라

노동조합은 처음이라

신광균 씀

쌀간소금

평범한 직장인의
평범하지 않은 이야기

나는 부산에서 나고 자란 평범한 컴퓨터공학과 학생이었다. 26살에 국토 균형 발전의 필요성을 온몸으로 느끼며 서울에서 첫 직장생활을 시작했다. 우연히 지인을 따라 게임업계에 발을 디뎠고, 그렇게 10년쯤 흘렀을 때 내 삶에 예상치 못한 사건이 발생했다. 물론 중간에 회사를 박차고 나가 몇 달간 남미 여행을 한 적도 있지만 그건 예상 가능한 영역이었다. 그럼 그 예상 불가능한 사건이 무엇이냐고? 그것은 바로 노동조합 설립!

이 책은 노동조합의 'ㄴ'자도 배워본 적 없는 평범한 직장인의 노동조합 설립 분투기다. 그리고 막상 내가 보고 겪고 느껴보니, 내 생각과는 아주 달랐던 노동조합에 대한 해명 프로젝트이기도 하다.

책을 쓰면서 염두에 둔 몇 가지가 있다.

먼저, 주제가 재미없는 영역이다 보니 편안히 읽을 수 있게 업계용어(?)가 아닌 일상의 말로 쓰려고 노력했다. 어차피 나도 노조 꼬꼬마라 노동계의 용어나 말들이 익숙하지 않았지만 말이다.

두 번째로 노동조합을 둘러싼 편견과 오해가 이 책을 통해 조금이나마 없어지길 바라는 마음으로 썼다. 노동조합이 이상한 오해와 근거 없는 논리로 대차게 욕을 먹고 있는 게 안타까웠다. 아마 학창시절 학교에서 노동조합에 대해 제대로 가르쳐주지 않아서 그런 것 같다. 내가 직접 노동조합을 경험해 보니 몰라서 오해했던 부분들이 이해됐고, 이해되니 공감되고, 생각도 바뀌었다. 이 책을 읽는 독자들도 그렇게 되길 바라는 마음에서 나의 경험을 가능한 한 자세히 전달하려 노력했다.

마지막으로 노동조합을 만들려는 사람들에게 작은 도움이나마 주고 싶었다. 우리나라의 노동조합 가입률은 9명 중 1명으로 매우 낮은 편이다. 그나마도 큰 기업이나 형편이 좋은 기업이 대부분이라 정말 필요한 곳엔 노조가 없다. 더 많이 생겨야 하고 생겼으면 좋겠다. 노조를 만들고 싶지만 어떻게 시작해야 할지 막막한 과거의 나 같은 사람들에게 이 책이 도움이 되었으면 좋겠다.

최선을 다해 썼지만 부족하거나 틀린 부분이 있을 것 같다. 나 역시 성장하는 중이라 그렇다. 열심히 아등바등하고 있으니 너그러이 그리고 귀엽게 봐주었으면 좋겠다.

이 글이 세상에 나오기까지 고마운 사람들이 많다. 〈딴지일보〉 김창규 편집장님, 〈한겨레〉 선담은 기자님, 본조의 많은 선배님들과 모든 게임·IT 지회, 특히 우리 지회 동지들에게 감사한 마음을 전한다. 마지막으로 가장 중요한 사람, 나의 첫 번째 독자이자 나의 아내 '김곰돌' 씨에게 모든 영광을 바친다.

2022년 5월의 봄날

신광균

차례

2부 우리는 이렇게 살고 있어요

1부

나도 모르게 시작된
노동조합 분투기

이 글은 내가 왜 노동조합의 불모지인 게임업계에서 노동조합을 만들었고, 그곳에서 무엇을 이루어가고 있는지에 관한 이야기다. 또한 그 과정에서 보고, 듣고, 느끼고, 좌절했던 순간들의 기록이기도 하다. 궁금하지 않은가? 초-중-고-군대-공대라는 가장 흔한 테크트리를 탔던 평범했던 내가 어쩌다 노동조합을 시작하게 되었는지.

이쯤에서 책장을 덮지 않았다면, 나는 이렇게 말하고 싶다.

"야! 노조, 너도 할 수 있어!"

나 따위도
할 수 있을까

노동자를 탄압하는 자본가에 맞서 노동자의 잃어버린 권리를 되찾고, 노동자 계급의 해방을 위해 투쟁하자! 자본 분쇄! 노동 해방!

이런 거창한 걸 기대했다면 미안하다. 나의 정체성은 아직 그쪽과 거리가 있다. 후후.

왜 노조를 만들었냐는 질문에 딱 한마디로 잘라 말할 수는 없을 것 같다. 솔직히 말하면 나도 잘 모르겠다. 누구나 그런 적이 있지 않은가? 아주 좋아하는 게 있는데 누가 "그게 왜 좋아?"라고 물어보면 선뜻 대답하지 못하고 "글쎄…"라고 얼버무린 기억 말이다. 하지만 곰곰히 생각해 보면 지난 10년간 일하면서 쌓였던 깊은 빡침과 답답함이 남 앞에 나서기 좋아하는 내 관종 기질을 만나 내려진 결론이 아닐까 싶다.

그럼 나는 뭐에 그렇게 빡쳤던 걸까? 분노의 포인트는 사람마다 다를 것인데, 나는 보통의 상식에 어긋나는 기막힌 상황과 내가 하는 일인데도 결정에 전혀 참여하지 못하는 소외감에 분노했던 것 같다. 예를 들어보자면 아무리 야근해도 10원한 장 더 못 받는 '포괄임금제' 같은 치트키를 내게 썼을 때, 그리고 낙하산을 타고 내려온 정체불명의 분이 성실히 싸지르는 똥을 막기 위해 내가 할 수 있는 것이 하나도 없다는 걸 안 순간 등이다. 당신도 그런 일이 있었다고? 그럼 나도 당신과 같은 것에 분노했나 보다.

여하튼 그런 분노들이 가슴속에 차곡차곡 마일리지를 쌓아가던 차에 내 마음에 큰 생채기를 낸 사건이 발생했다.

B의 자작극과 여론, 당해보니 알겠더라

사건의 요지는 이렇다. 사내 커플 A와 B가 있었다. 우리 팀막내 A를 폭행하는 B를 말리려다 싸움에 휘말리게 되었다. 사고는 다음 날 터졌다. B가 나에게(한 사람 더 있지만 생략한다) 밤새 폭행당했다며 익명게시판에 글과 사진을 올렸다. 그것만 보면(내가 보기에도) 엄청난 폭행을 당한 것처럼 보여서 "이런 놈은 퇴사시켜야 한다", "21세기에 폭행이 웬 말", "내

이놈 이럴 줄 알았다" 같은 댓글들이 삽시간에 달렸다. 어떻게 나인 줄 알았냐고? 게시판에 실명으로 올렸으니까.

초유의 사태에 회사는 발칵 뒤집혔다. 몇 주간 조사받았다. 경찰의 협조를 받아 CCTV를 확인한 뒤에야 B의 자작극으로 결론이 났다. CCTV가 없었으면 나는 무고한 이를 폭행한 사람이 되었을지도 모른다. 지금 생각해도 아찔하다.

이 일로 B는 징계 해고 받아 회사를 떠났다. 그렇게 사건이 마무리되었으면 좋았겠지만, 나 역시 징계받았다. 감봉 3개월. 억울했지만 어떤 이유라도 싸웠다는 자체가 잘못이라는 회사의 논리 앞에 앞뒤 정황 같은 건 아무런 소용이 없었다. 받아들일 수밖에 없었다.

소문이라도 바로잡고 싶어 사건 정황과 결과를 공지해 달라고 했지만, 요청은 받아들여지지 않았다. 소문은 소문을 낳았고 결국 '예전에~'로 시작하는 진실이 되었다. 화가 났다. 사건이 종료되기까지 몇 주간 익명게시판에서 욕을 먹고 뒷소문을 묵묵히 이겨낸 나에 대한 배려는 그 어디에서도 찾아볼 수 없었다.

문득 그런 생각이 들었다. 그동안 소문으로 떠돌다 갑자기 조용해진 괴이한 성희롱 사건과 폭력·폭언 사건들도 이렇게 처리되었던 것은 아닐까? 그 피해자들도 배신감과 억울함을 혼자 감당하면서 존중받지 못한 자신의 처지를 괴로워하며 조용히 회사를 떠났던 것은 아닐까? 힘들었겠다. 그럴 때 누군가 손을 내밀었다면 억울함을 말할 용기가 생겼을 텐데. 그랬다면 가해자가 처벌받고, 피해자가 회사를 떠나지 않아도 되었을 텐데. 하지만 힘이 되어줄 누군가는 없었고, 그 거지 같은 현실을 받아들일 수밖에 없었다.

이직해도 문제는 같다

그 일이 있고 불편한 마음은 시간이 갈수록 누그러져 갔지만 완전히 사라지지는 않았다. 그런 상태에서 업무 불만까지 더해졌고 나는 조용히 떠날 채비, 즉 이직을 준비했다. IT 종사자들 누구나 그렇듯 나 또한 불만을 이직으로 표출해 왔다. 이직을 통해 상승하는 연봉을 인내의 보상이라 생각했고, 능력 있는 자의 특권이라 생각했다(나는 두 번 이직했고 세 번째 회사에 다니고 있다).

하지만 이직은 도피일 뿐이었다. 내가 이직하려는 웬만한 회사에는 똑같은 문제가 있었다. 흔한 말로 다 거기서 거기. 그냥 돈으로 보상받자는 내 생각은 이 문제와 마주할 시간을 늦추는 행동밖에 되지 않았다. 앞의 일을 겪은 나는 예전과는

조금 다른 인간이 되었는지도 모르겠다. 이직이 답이 아니라면 내게 남은 선택지는 무엇일까? 곰곰이 생각해 보니 둘 중 하나였다. 누구나 꿈꾸는 탈 회사를 하든가, 여기에 남아 바꾸든가.

일단 탈 회사를 하려면 로또에 당첨되거나 (건물)주님이어야 하는데 둘 다 나에겐 해당사항이 없다. 그러면 선택지는 하나다. 젠장, 어쩔 수 없이 여기를 바꿔야 한다. 근데 어떻게? 아니, 가능은 한가? 막막했다.

그러던 중 노동법이 바뀌어 투표로 근로자 대표를 선출한다는 공고가 올라왔다. 오! 투표로 뽑힌 대표라면 뭔가 할 수 있지 않을까? 순수하고 막연한 마음으로 선거에 출마했다. 반장 선거 이후 첫 출마라 쑥스럽기도 했지만, 변화의 첫발을 뗀 것 같아 나 혼자 설레기도 했다. 결과는 2순위 근로자 대표 당선이었다(복수 당선의 조건이 있었다).

여기서 잠깐 '노동'과 '근로'라는 단어를 살펴보고 가자. '일한다'라는 의미를 가진 두 단어가 있다. 근로와 노동. 근로와 달리 노동은 거칠고 힘든 일, 몸을 써서 하는 일을 말할 때 주로 쓰인다. 게다가 그렇게 긍정적인 의미로 쓰이지 않는다. 가령 가사노동, 단순노동, 강제노동처럼 말이다. 그저 일한다는 뜻을 가진 '노동'이라는 단어가 왜 이런 이미지를 갖게 되었을까? 그건 아마도 우리나라의 특수한 정치적 지형과 옛 어른들의 복잡한 사정이 만들어낸 편견의 산물이 아닐까 싶다. 이유가 어찌 되었든 지금의 용도와 이미지를 가지게 된 사실엔 변함이 없다.

그러나 곰곰이 생각해 보면 우리는 이 단어를 평소와 다른 느낌으로도 많이 쓴다. '노동'부라고 하지 '근로'부라고 하지 않는다든가, '노동'시장이라고 하지 '근로'시장이라고 하지 않는 것처럼 말이다. 이때의 '노동'은 중립적인 이미지다.

이렇듯 '노동' 입장에서는 지금의 현실이 다소 억울한 면이 있을 것 같다. 하지만 이미 생겨버린 이미지를 단기간에 바꾸기도 매우 힘들고, 새 이미지를 위한 다른 단어를 만들거나 찾는 일도 쉽지 않다. 나도 우선은 이 책에서 '노동'이라는 단어를 많이 쓸 수밖에 없을 것 같다.

책 앞머리에서 이렇게 장황하게 설명하는 건 앞으로 자주 등장할 '노동'이라는 단어에 큰 편견 없이 그저 단어가 가진 뜻 그대로 봐주기를 바라는 마음에서다. 우리가 모두 일해서 살아가는 노동자이거나 앞으로 노동자가 될 것이니 말이다.

다시 이야기로 돌아가 보자. 근로자 대표로 당선되긴 했지만, 내 바람과는 달리 과반수 직원의 표를 얻어 당선된 대표들조차 법에 쓰인 그 잘난 권한을 행사할 힘이 없었다. 그저 회사가 내민 조건에 서명만 해야 하는 처지였다. 그나마도 2순위였던 나는 행정상의 편의를 위해 1순위에게 모든 권한을 위임해야 했다.

아, 정말 아무것도 할 수 없는 것일까? 이렇게 아무것도 하지 않은 채 끙끙 앓고 있던 나와는 다르게 혼자 힘으로 고군분투하는 다른 법인의 근로자 대표들이 있었다. 존경스러웠으나 용기가 부족했던 나는 '혼자 뭘 할 수 있겠어, 어차피 안 돼'라는 그럴싸한 변명을 찾았다(훗날 이 사람들과 노조를 만들었다. 결국 만날 운명이었나 보다).

무거운 돌덩이가 들어찬 것처럼 가슴이 답답했다. 아무도 그렇게 생각하지 않았을지도 모르겠지만, 반수 이상의 사람들이 자신의 권한을 위임한 대표인데 아무것도 하지 않고 무기력하게 있어도 될까? 믿고 표를 던져준 사람들을 기만하는 게 아닐까 하는 생각이 들었다. 그런 생각을 하다가 결국 무언가를 바꾸고 싶다면 뭉쳐서 목소리를 내야 한다는 결론에 도달했다. 그럼 답은 간단했다. 노동자가 뭉쳐 목소리를 내는 노동조합을 만들자. 결론은 났지만, 도대체 어디서부터 시작해야 할지 몰랐다. 이런 건 들은 적도 배운 적도 없었다.

노조 만드는 법?

IT인답게 먼저 '노조 만드는 법'을 검색해 봤다. 생각보다 많은 정보가 나왔다. 일단 읽어보았는데 하나도 이해가 안 됐다. 읽다 보면 알게 되겠지 생각하며 며칠을 보내던 중 익명 게시판에 게시물이 하나 올라왔다.

"노조 만들고 싶은 사람, 여기 공개 채팅방으로 모여라!"

나는 두근거리는 마음으로 채팅방에 들어갔다. 150명 정도가 있었다. 놀랐다. 나만 이런 위험한(?) 생각을 하는 게 아니었다는 안도감과 해볼 만하겠다는 생각이 들었다. 우선권을 뺏긴 것 같은 아쉬움이 있었지만, 어차피 혼자서 할 수 없는 일이기에 안심도 되었다. 그즈음 다른 회사에 노조가 생겼다는 기사가 쏟아졌다. 최초로 생긴 노조 소식에 업계는 들썩였고, 이제는 결심을 실천에 옮길 때라는 생각이 들었다. 채팅방 공지에 있던 '실명 까고 노조 만들 사람 말 걸어주세요'를 보고 1:1 채팅을 걸었다.

신광균 : ○○ 법인 근로자 대표 신광균입니다. 실명 까고 노조 만들 사람 오라고 해서 왔습니다.

○○○ : (당황) 원래 탐색전 하고 이름을 까는데 바로 말하셔서 당

황스럽네요.

신광균 : 헌법과 법률에 명시된 합법적 일을 하는데 문제 될 게 있나요? 그래서 프로필도 제 걸로 들어왔습니다.

이 어리석은(?) 대화를 시작으로 게임회사 노동조합 분투기는 나도 모르게 시작되어 버렸다.

이제는 알고 있는
노동조합 만드는 방법

알고 보면 의외로 어렵지 않다. 물론 안다고 다 할 수 있는 건 아니겠지만. 마치 우리가 다이어트 방법을 몰라서 살을 못 빼는 것이 아닌 것처럼 말이다. 여하튼 노동조합 설립 방법은 크게 두 가지로 나눌 수 있다.

첫째는 '노동조합 및 노동관계 조정법'에 따라 관련된 서류와 요건을 갖춰 설립 신고서를 가까운 노동청이나 행정관청(구청 등)에 제출해 직접 노동조합을 설립하는 것이다. 쉽게 말해 법에서 요구하는 절차에 따라 요건을 갖추고 서류를 만들어서 제출하면 된다.

둘째는 특정 산업의 노동자를 대변하기 위한 산업별 노동조합(예를 들어 금속노조 같은)에 한 단위로 설립하는 것이다. 업계용어로 산별노조라고 하는데, 설립 방법은 산별노조마다 달라 구체적으로 쓰지는 않겠다.

이 둘의 차이점은 뒤에서 다룰 예정이니 일단 패스한다. 아차! 그리고 당연하지만, 노동조합을 만들려면 노동자(근로자)여야 한다. 아, 회사 다니고 월급 받으면 된다는 거지? 음… 거의 맞다. '거의'라고 한 것은 최근에는 배달원이나 택배원같이 정해진 월급이 아닌 건별 수수료를 받는 사람들도 노동자로 인정하고 있어서다. 세상이 복잡해지는 만큼 다양한 경우가 생긴다.

정리해 보자면, 돈 받고 일하는 누구나 어렵지 않게 노조를 만들 수 있다!

고민과
시작

노동조합에 발을 들이기 전에 아내에게 물어봤다.

"나 노동조합을 해보려고 하는데 어때? 나 꼭 해보고 싶어. 이거 안 하면 죽을 때 후회할 거 같아."

아내는 그런 정도라면 해보라고 했다. 고마웠다. 앞에서 말한 공개 채팅방에서의 당당한 발언은 아내의 이런 승인이 있었기에 가능했던 것 같다. 시간이 지나 저 때의 일을 아내에게 다시 물어보았다.

"그때 네가 쉽게 허락해 줘서 난 마음이 편했어. 고마워."

"쉽게 해준 적 없어! 죽을 때 후회할 거라며? 그럼 나 원망하면서 죽을 거 아냐? 그 꼴은 내가 못 보지. 그리고! 어! 이렇게까지 깊이 할 줄 알았나?! 어디 가서 내가 쿨하게 허락해 줬다고 하기만 해봐!"

역시 기억은 내 편한 대로 저장되고 회고되나 보다. 아내느님 감사 감사.

잠시 옆길로 샜는데 다시 돌아가 보자. 채팅 후 내가 어떤 역할을 하면 되는지 그를 만나 상의하고 싶었다. 만남은 그날 오후 5시쯤 이루어졌다. 보안을 업으로 하는 나보다 더 보안을 생각하며 그는 조심스럽게 회사 사람들이 잘 가지 않는 근처 커피숍에서 보자고 했다. 떨렸다. 나도 이때까지는, 이런 일을 벌일 정도의 사람이라면 머리에 뿔이 나거나 빨간 기운이 가득한 사람일 것으로 생각했다. 하지만 그의 첫인상은 회사 어디에서나 만날 수 있을 법한 평범한 개발자 A였다.

일단 그는 나에 관해 물어보았다. 내가 속한 법인이 지주사였고, 보안 직군이다 보니 다른 의도를 가지고 접근했을지 몰라 조심스러웠다고 한다. 채팅방에 150명 정도 있던 것이 생각나 다른 사람들도 빨리 만나 보고 싶다고 말하자 그는 머뭇머뭇하며 솔직히 말해줬다. 원래는 함께 준비하던 사람들이 더 있었는데 그중 한 사람이 회사의 압력으로 퇴사하게 되면서 실명을 공개할 사람은 자신밖에 남지 않았으며, 자기는 혼자서라도 진행할 거라고 했다. 내일 오전 10시에 설립을 선언할 거고, 다음 주 월요일에 첫 홍보전을 할 거라 했다. 그러면서 괜찮으면 홍보전을 도와줄 수 있냐고 물었다.

헉… 뭐 이런 경우가 다 있지? 너무 급작스럽잖아! 노조를 준비한다고 하면 보통 몇 개월에 걸쳐 마음의 준비를 하고 여러 사전교육도 받을 텐데 나에겐 고민할 시간이 겨우 16시간이라니…. 생각한 것과는 완전 다른 전개에 만감이 교차했지만, 한편으로는 이런 것을 운명이라고 하나 싶어서 오히려 맘이 편해졌다. 그리고 홍보물 나눠주는 정도라면 어렵지 않을 것 같아 더 깊이 생각하지 않고 돕겠다고 했다. 멋져 보이고 싶었는지 합류는 막차를 탔지만, 가입은 1호로 하겠다는 선언(?)을 마지막으로 첫 만남이 끝났다.

다음 날 8시 40분. 카톡이 왔다. 그가 보낸 홈페이지 링크였다. 오늘 10시에 이 홈페이지를 통해 설립을 대외적으로 공표하고 온라인 가입을 받는다고 했다(IT 회사답게 노조 가입도 온/오프라인을 모두 받는다). 나는 망설이지 않고 1호 가입자가 되었다. 후훗. 그러고 나서 여느 때처럼 출근하고 팀원들과 모닝커피를 마시며 10시를 기다렸다. 그 당시 대부분의 이야깃거리는 노조 이야기였다. 아무래도 며칠 전 근처 회사에 노조가 생겼기 때문일 것이다. 동료들이 "너도 근로자 대표이니 한번 만들어보지 그래?" 하고 물어올 땐 괜히 찔리고 표정 관리가 안 돼 어색한 웃음으로 답을 대신했다. 하지만 또 한편으로는 오늘 우리 회사에 노조가 생긴다는 사실을 나만 알고 있다는 생각에 약간 우쭐(?)하기도 했다.

10시 정각. 단체 채팅방과 회사 메일, 그리고 언론 기사에 노동조합 설립 소식과 '레이드', '크런치' 같은 게임업계 용어가 잔뜩 들어간 설립문이 실렸다. 왠지 모르게 울컥했다. 평균 근속 3년, 개인주의의 끝판 대장이라 불리며, 모두가 절대 생기지 않을 거라 했던 게임회사에 또 하나의 노조가 탄생한 순간이었다. 회사 사람들은 갑자기 날아든 소식에 들썩거렸고 모두 흥분했다. 설립 2시간 만에 가입자 100명을 돌파했다. 뭔가 해야 할 것 같았지만 아직 나는 할 수 있는 게 없었다. 그저 기다릴 뿐이었다. 그렇게 이틀이 지나고 주말 저녁, 전화가 왔다.

"신광균 님이 수석 부지회장을 맡아주셨으면 합니다. 왠지 잘해주실 것 같습니다."

"그게 뭔데요? 뭔가 높은 자리일 거 같은데 아무것도 모르는 제가 해도 되나요?"

지금 이 책을 읽고 있는 여러분도 저 때의 내 상태와 비슷할 것 같아 노동조합의 구조에 대해 간략히 이야기해 보겠다. 노동조합은 크게 세 가지로 나눌 수 있는데, 언론에서 말하는 위원장은 이런 노조들의 대표를 말한다.

- **산(업)별 노조** : 특정 산업의 기업(지회)들이 모여 이룬 노동조합. 예)금속노조

- **기업별 노조** : 한 기업의 노동자가 만든 노동조합. 예)○○○ 기업 노조

- **일반 노조** : 산업을 구분하지 않고 연합하여 결성한 노동조합. 예)서울일반노조

이러한 노조들도 더 상위 단체에 가입할 수 있는데 이런 것들이 민주노총이니 한국노총이니 하는 총연맹이다. 우리 지회가 속한 노조 역시 민주노총에 소속되어 있다. 일단 간략히 개념을 설명했지만 사실 노동조합은 유럽 선진국에서는 초등교육 필수 과정이고, 헌법에 보장된 시민의 기본 교양이다. 이 정도 내용을 따로 설명해야 하는 현실이 참 씁쓸하다(최근엔 일부 지자체에서 교육 과정으로 채택하고 있다고 하니 다음 세대는 달라지기를 바란다).

여하튼 다시 이야기로 돌아와서, 수석 부지회장이 어떤 직책인지 잘 모르는 데다 자신이 없어 망설여졌다. 그러다 결심을 굳힌 결정적인 순간이 있었다. 서로의 연봉과 소속 조직을 확인한 순간이었다. 당시 그는 그룹사의 거의 모든 매출을 견인하는 프로젝트에서 5년 이상 일했었고, 현재는 다른 신규

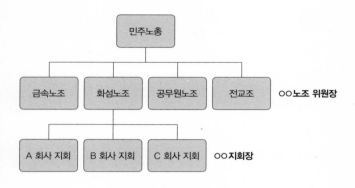

민주노총

금속노조　화섬노조　공무원노조　전교조　○○노조 위원장

A 회사 지회　B 회사 지회　C 회사 지회　○○지회장

| 전국민주노동조합총연맹 |

프로젝트로 소속을 옮긴 상태였다. 그래서 당연히 그게 걸맞은 최고연봉을 받고 있을 거로 생각했는데(아직 우리 회사의 많은 사람들이 이렇게 오해하고 있으니 뭐…), 총 경력이 2년 적은 나보다도 연봉이 낮았다(오해하지 마라! 특별히 내가 높지는 않다).

와… 이건 뭐지. 내가 가진 상식이 하나도 안 통하네? 거기에 더해 내가 받은 작년 인센티브를 이야기하니, "헐, 그걸 인센으로 준다고?" 하며 그가 더 경악했다. 그렇게 비상식적인 상황에 대해 우리의 분노는 일치했고, 어차피 할 생각이라면 가장 첫 줄에 서야 안전하다는 그럴싸한 사탕발림에 나는 수석직을 수락해 버렸다.

그렇게 며칠이 지나 홍보전 아침이 되었다. 우리 노조는 그와 나밖에 없었기 때문에 노조를 세운 다른 IT 지회의 도움을 받기로 했다. 이런 행동을 '연대'라고 하는데, 같은 산업에 종사하는 사람들이 만든 산(업)별 노조의 가장 큰 장점이다. 게임에 비유하자면, 이제 막 시작해서 어리바리 타다가 길드에 가입하면 길드원들이 쪼렙(낮은 레벨) 아이템도 나눠주고 스킬(기술) 찍는 법도 알려주며 챙겨주는 것과 비슷하다.

첫 홍보전은 노조 가입을 독려하는 홍보물(노보라고 불린다)을 출근길에 나눠주는 것이었다. 홍보물의 내용은 내가 노조에 가진 선입견과는 전혀 다르게 게임회사의 특성을 살려 각종 게임 용어와 SNS 스타일의 문구, 그리고 온라인 가입을 위한 QR코드로 채워져 있었다. 그때는 몰랐는데 나중에 알고 보니 기본 틀을 깬 IT다운 파격적이고 참신한 내용이라고 했다.

매일 출근하는 회사 앞이고, 오며 가며 만나던 사람들이지만, 막상 앞에서 노동조합 홍보물을 나눠주려니 기분이 묘했다. 그리고 무척 떨렸다. '혹시라도 인사팀이나 아는 사람이 보면 어떡하지?', '갑자기 불러서 "곱게 그만두든지 아니면 당장 나가!"라고 드라마나 영화의 한 장면처럼 그러면 어떡해야 하나?' 같은 생각들로 머리가 너무 복잡했다. 이런 나와는 달리 확신에 찬 표정으로 홍보물을 나눠주는 선배 노조인

(?)들을 보니 그런 생각을 차마 입 밖으로 꺼낼 수 없었다. 그리고 첫 줄이 가장 안전하다고 했으니 책임져(?) 주겠지! 하고 맘 편히 생각해 버렸다.

그렇게 1시간가량의 홍보전이 끝나고 사무실로 올라와 내 자리에 앉았다. 홍보물을 나눠주며 생각했던 불안들이 현실로 엄습했다. 일이 손에 잡히지 않았다. 누가 자리에서 일어서기만 해도 불안해서 쳐다보고 왠지 실장님이나 상무님이 나를 따로 부를 것 같았다. 그렇게 2시간 3시간, 그리고 퇴근 시간이 되었지만 나를 찾는 사람은 없었다. 그랬다. "인간은 상상력이 있어서 비겁해지는 거래"라는 〈올드보이〉의 명대사처럼 나는 어쩌면 상상 속에서 홀로 겁에 질려 떨고 있었던 것인지도 모른다. '아… 정말 아무도 모르는구나.' 이쯤 되니 왠지 섭섭했다. 내 딴에는 오랜 고민 끝에 내린 큰 결심이 있었는데 사람들은 정말 타인에게 관심이 없구나. 바로 무슨 일이 벌어질 줄 알았는데 아무 일도 안 일어나는구나… 아… 현타… 마상… 결국 인생에서의 도전이란, 막상 한 발 내딛고 보면 별거 아닐 수 있다는 명쾌하고 단순한 진리를 다시 깨닫는 순간이었다.

인간은
상상력이 있어서
비겁해지는 거래.

프로젝트 실패를 개인이 책임지는

프로젝트는 실패했지만, 사람은 실패한 게 아니다.

프로젝트는 실패했지만
사람은 실패한 게 아니다.

우당탕
햇병아리 노조

홍보전 참가 후 다음 임무는 전화 돌리기였다. 일면식도 없는 사람들에게 전화하는 것은 큰 부담이었다. 하지만 얼굴을 맞대고 일하지 않는 상황에서 설립 초기에 유대감을 늘리는 것은 중요한 일이었다. 전화하면 다양한 이야기를 나누게 되는데, 꼭 해야 하는 건 '감사의 마음을 담아 인사드리기', '노조에 대한 의견이나 부당한 일 제보받기', '조합비 납부 방법과 사용처 안내하기'였다.

어떻게 시작해야 할지 막막했고, 모르는 부분을 조합원이 물어보면 어쩌나 걱정됐다. 내가 아는 범위 내에서 예상질문과 답을 만들어놓고 긴장된 마음으로 첫 번째 전화번호를 입력하고 통화 버튼을 눌렀다.

"(쭈뼛쭈뼛) 아, 안녕…하세요. ○○ 노조… 신광균입니다."

"네? 어디 누구시라고요?"

"(용기를 끌어모아) ○○ 노동조합 부지회장 신광균입니다."

"아~ 안녕하세요! 어머 직접 전화 다 하시는 거예요? 고생 많으시네요."

첫 전화를 시작으로 한분 한분 전화를 이어나갔다. 처음에 걱정했던 것이 무색하게 대부분 분에 넘치게 격려를 해주었다. 아직 아무것도 한 게 없어서 너무 쑥스러웠다. 예상과 달리 조합비의 사용처보다는 어떻게 납부를 해야 하는지에 더 많은 관심을 보였다. 내가 낸 돈이 어떻게 쓰일지가 가장 민감한 문제일 거로 생각했는데, 이제 막 첫발을 뗀 노조에 부담을 주지 않으려 그저 믿어준 것 같았다.

말 나온 김에 잠시 '조합비'에 대해 알아보자. 노동조합도 하나의 조직이기 때문에 돈이 필요하다. 홍보물 인쇄, 피켓 제작에도 돈이 들어가고, 간담회 같은 오프라인 행사에는 대관비나 식사비가 필요하다(밥은 꼭 준다는 게 우리의 좌우명이다. 밥은 소중하니까!). 이렇듯 조합의 일상 활동만 해도 생각보다 큰돈이 필요한데 이걸 매번 사비로 할 수는 없다. 그래서 노조 운영을 위해 일정 수준의 조합비를 받는다.

조합비는 회사와 합의해서 월급에서 공제하는 경우가 일반적이다. 그런데 우리 조합은 너무 신생아라 당장 그 방법을 쓰기는 어려웠다. 그래서 자동이체나 카드 납부 시스템을 썼는데 이 방법을 하나하나 설명해야 했다.

며칠에 걸쳐 모두와 통화했고, 그때 들었던 말들은 모두 기록해 두었다. 결국 노조도 사람의 일이라 지금도 힘든 일이 있을 때면 그때 기록을 꺼내 읽어보는데 많은 위로가 된다.

단체협약은 뭐 하는 거냐

전화 연락으로 정신없이 며칠을 보내고 나니 민주노총과의 첫 회의 날이 되었다. 노조 설립을 도와준 민주노총 사람들을 만나 향후 일정과 전략을 논의하는 자리였다. 등산복 차림에 검은 조끼. 내가 그렸던 비주얼과 비슷한 차림의 아저씨들을 보니 좀 떨리고 왠지 무섭기까지 했다. '노조' 하면 늘 보는 이미지가 과격하게 싸우는 이미지뿐이라 그랬던 것 같다. 하지만 회의 방식이나 내용이 정말 합리적이었다. 누구에게나 발언권이 보장되고 다양한 의견을 경청하는 회의 방식은 웬만한 기업의 회의보다 훨씬 더 건설적이었다. 첫 회의에서의 결론은 두 가지였다.

- 교섭력을 높이기 위해 더 많은 조합원을 모을 것

• 첫 단체협약을 맺기 위해 모두의 의견을 모은 요구안을 작성
  할 것

요구안은 IT업종의 선례가 있으니 그것을 참고하되, 게임
업계 특성과 조합원들의 의견을 잘 녹여 준비하면 된다고 했
다. 가장 좋은 방법은 직접 물어보는 설문조사라고 했다.

낯선 단어가 나왔다. 단체협약은 뭐 하는 거냐? 혹시 노동
삼권을 아는가? 부끄러워하지 마라. 거의 모른다. 우리나라
도 대부분의 나라처럼 헌법을 통해 노동자에게 단결권, 단체
교섭권, 단체행동권을 보장한다.

[헌법 제33조]

① 근로자는 근로조건의 향상을 위하여 자주적인 단결권·단체
  교섭권 및 단체행동권을 가진다.

단체협약은 노조가 단체교섭권을 행사해 노동 환경, 복지
향상 같은 요구사항을 회사와 단체교섭을 통해 합의한 결과
를 말한다. 요구사항에는 임금 제도, 근무시간 단축과 같은
큰 내용부터 통근버스 확대, 밥맛 개선 등 회사 생활과 밀접
한 복지까지 다양한 것을 담을 수 있다. 물론 모든 요구가 수

용될 리 없고, 수용되더라도 지난한 협상의 과정을 거쳐야 하므로 중요도를 고려하여 작성해야 한다. 그리고 단체협약의 유효기간은 3년이다. 즉 다시 협상하려면 3년을 기다려야 하므로 신중해야 한다.

우리의 주요 요구사항은 '포괄임금제 폐지', '고용안정 보장'이었다. 포괄임금제에 관해 잠깐 설명하고 넘어간다. 우리나라는 근로기준법을 통해 1주에 40시간 근무를 최대로 정하고 있다. 물론 회사와 노동자가 합의해 12시간까지 추가할 수 있고 이 경우 일정 수준을 더해 수당(야근 수당 등)을 지급해야 한다. 한마디로 이게 근로계약서의 룰이다. 그런데 포괄임금제는 이 룰 파괴 치트키다. 원래 취지는 외근직이나 영업직처럼 일의 특성상 야근시간을 확인하기 어려운 근로자들을 위해 적당히 이 정도 야근한다 치고 미리 계산한 일정 수준의 야근 수당을 월급에 더해주는 좋은 제도였다.

하지만 이 제도가 게임·IT업계에 오니 '월급에 야근비 포함되는 거 아시죠? 그러니 야근하시면 됩니다. 물론 공짜로요'와 같이 이상하게 작동하기 시작했다(사실 다른 업계 사무직도 비슷하게 작동한다). 항상 사무실에 있고 출퇴근 시간이 칼같이 기록되는데 어쩌다가 이렇게 되었는지 나도 모른다. 하지만 확실한 것은 대부분 게임·IT 회사가 그렇게 하고 있었다는 것이다. 사정이 이렇다 보니 포괄임금제는 산업 전반에 걸쳐 공짜 야근의 원인이었고, 노동자의 권리를 높이자는 노조가 생긴 이상 반드시 폐지해야 하는 목표였다.

또한 이 제도의 폐지는 단순히 '야근=돈'의 의미를 넘어 업계 전반의 문화를 바꾸는 첫 단추이기도 했다. 왜냐하면 그동안은 야근시켜도 추가 비용이 없어 오랜 시간 일을 시키는, 소위 '사람을 갈아 넣는' 개발을 할 수 있었다. 하지만 이것이 불가능해진다면 비용 증가를 막기 위해서라도 시간을 더 효율적으로 써야 하고, 그러기 위해서는 그간의 주먹구구식 프로세스를 개선할 수밖에 없다. 이렇게 프로세스가 개선되면 자연히 업무 효율이 높아지고 이는 근무시간을 단축하게 해 워라밸의 확대로 이어진다. 워라밸의 확대는 다시 창의적 사고를 가능하게 해 좋은 게임 탄생의 토대가 되고 이는 회사 매출을 높여줄 것이다. 겨우 하나 바꿨을 뿐인데 많은 긍정적인 변화가 생긴다. 바로 이런 선순환이 진정한 노사 상생 아닐까 싶다.

그럼 두 번째 목표인 '고용안정 보장'에 대해 알아보자. 다른 산업과는 다르게 게임회사의 고용불안 문제는 특유의 문화에서 기인한다. 게임은 그 경향이 너무나 빨리 변화하기 때문에 게임 10개 중 8~9개는 출시 전에 드롭(개발 중단)되거나 서비스 공개 후 얼마 못 가 종료하는 경우가 많다. 이렇게 드롭과 서비스 종료가 잦기 때문에 회사는 여러 개의 프로젝트를 동시에 진행한다. 하지만 이상하게도 드롭된 프로젝트의 인력을 다른 프로젝트에 다시 투입하지는 않는다. 여기서 드롭된 프로젝트의 개발자가 겪는 테크트리를 살펴보자.

① 드롭 후 1~2주의 위로 휴가→이때 절반쯤 알아서 퇴사
② 휴가 후 포트폴리오·이력서 들고 다른 프로젝트 면접을 봄
③ 합격 : 합격한 프로젝트 합류/불합격 : 2번 반복
④ 일정 기간 불합격→몇 개월 치 위로금을 받고 권고사직→
　타 게임회사 취직

　심지어 회사는 다른 프로젝트 인력 충원을 위해 신규 채용하는 와중에도 사람(위 ④의 사람)을 돈까지 쥐어주며 내보낸다. 그냥 이 개발자를 사람 필요한 다른 프로젝트로 보내면 사람도 채우고 돈도 굳는 행복한 상황이 될 것 같은데 그게 좀처럼 되지 않는다. 내 생각엔 게임이 망하면 회사가 망하니 회사를 나가 알아서 살아야 한다는 업계 초창기의 생각이 사람들의 머리에 아직 박혀 있고, 회사는 회사대로 새 게임은 고인 물 빼고 새 사람들로 시작한다는 고집 때문에 생긴 문

화 아닌가 싶다. 웃긴 건 경력 개발자가 하늘에서 뚝 떨어지지 않기 때문에 결국 들어오는 사람은 다른 회사에서 같은 논리로 나온 고인 물일 게 뻔하다. 결국 달라진 게 하나 없는 쓸데없는 소모전이다. 문제는 회사 대부분이 이 문제를 해결할 의지가 없다는 것이다. 그렇기에 이 문제 역시 개인이 아닌 노조가 해결해야 할 구조적인 문제로 판단했다.

우리는 이 두 가지 핵심사항을 중심으로 요구안을 만들기로 했고, 나머지 부분은 설문조사를 통해 모은 의견으로 채워나가기로 했다. 여기서 문제는 지금의 이 모든 상황을 어떤 방법으로 직원들에게 알리고 의견을 모으느냐였다. 우선 우리는 너무 소수였고 알려야 할 대상은 다수였다. 고민하다가 오프라인으로 간담회를 열어 내용을 설명하고 의견을 모으기로 했다. 그런데 하나를 해결하니 다시 문제가 생겼다. 간담회를 어디서 해야 할지, 몇 명이 온다고 예상하면 될지 너도 나도 아무도 몰랐다. 이걸 모르면 장소를 마련할 때 큰 문제가 생긴다. 문제를 하나 해결하면 두 가지 문제가 생기는 것 같았다. 이제 막 생긴 꼬꼬마 노조에는 모든 게 물음표였다. 그렇게 모두의 머리는 하얘졌다.

처음 뵙겠습니다,
노동조합입니다

결론을 내렸다. 어차피 예측 불가능하다면 참석인원을 때려 맞추자! 뭐 대충 가입자의 10% 정도 온다 치고 30명쯤 모일 수 있는 장소를 알아보기로 했다. 가까운 곳이 좋을 것 같아 회사 근처를 먼저 알아봤지만, 걸어가기엔 멀었고 대관비도 비쌌고 이용할 수 있는 시간도 애매했다. 그렇다고 회사 직원들을 대상으로 하는데 완전히 먼 곳에서 할 수는 없었다. 어떻게 할지 고민하던 중 누가 "회사 밖에서 안 되면 안에서 하자!" 제안했다. 명쾌한 의식의 흐름이었다. 회사가 과연 협조해 주겠냐는 생각도 들었지만(보통은 잘 안 해준다) 다른 선택지가 없어 조심스레 대관 담당자에게 문의했다.

"저… ○○○ 님, 노동조합 첫 간담회를 ○○○홀에서 하려고 하는데요. 대관이 가능할까요?"

"아~ 그러시군요. 그럼요! 날짜와 시간은 어떻게 되죠?"

그렇게 대관 양식에 맞게 개최 날짜와 시간, 대략적인 목적 등을 적어 요청서를 보냈다. 대관 담당자는 가능하다고 했지만, 윗선(?)에서 잘릴 게 분명했다. 그렇게 하루가 지나고 담당자로부터 회신이 왔다. '노조의 설립을 축하하며, 대관이 가능하다'라는 내용이었다.

여태까지 걱정하고 고민했던 것이 다소 허무했지만, 기분 좋았다. 게다가 이렇게 회사 안에서 하는 것이 우리에게도 이득이었다. 왜냐하면 단순히 적당한 장소를 구했다는 수준을 넘어 '회사가 노동조합을 존중한다'라는 메시지를 모두에게 보여주는 좋은 계기가 되기 때문이다. 장소 문제도 해결되었고 이제 진짜 사람들을 만나는 일만 남았다.

간담회는 이틀에 걸쳐 점심시간에 진행되었다. 노조가 익숙지 않아 참석이 꽤 부담이었을 텐데 무려 100명이 넘는 직원들이 다녀갔다. 예상을 뛰어넘는 많은 방문에 큰 힘이 생겼다.

간담회는 '노동조합을 만든 이유, 이루고 싶은 목표(요구안), 향후 단체교섭 일정과 절차'의 순서로 진행되었다. 준비한다고 했지만 생소한 노동법 용어와 첫 경험(?)의 낯섦 때문인지 다소 어리둥절한 분위기 속에서 간담회가 진행되었다. 그런데도 우리의 진정성과 목표만은 분명히 전달된 것 같았다.

간담회의 마지막은 Q&A 시간이었다. 이런 질문들을 받았다.

Q1 조합비 일부는 민주노총으로 간다던데 사실인가?

A 결론부터 말하자면 그렇다. 조합비는 우리 지회와 상급 단체가 일정 비율로 나눈다. 하지만 '적립'의 개념이 더 맞을 거 같다. 이 돈은 나중에 우리가 어려움을 겪을 때 노무사 선임비, 생활비 지원 등에 쓰인다. 또 우리 같은 꼬꼬마 노조를 도와주시는 분들의 월급으로도 쓰인다. 어디로 사라지는 게 아니라 낸 만큼, 아니 어쩌면 낸 것 이상으로 우리에게 돌아오는 비용이라고 보는 게 더 맞다.

Q2 어디 가입하지 않고 우리끼리 노조 활동하면 안 되나?

A 회사는 대형 법무법인의 자문을 받고, 이쪽 분야 전문가도 고용할 수 있다. 그런 회사를 우리 힘만으로 상대하기는 불가능에 가깝다. 만렙에 풀템을 차고 있는 상대와 단검 하나 들고 PK를 뜰 순 없다. 우리도 스타터 팩 정도는 있어야 했고, 그런 지원을 해줄 곳을 찾아 산별노조로 시작하게 되었

다. (혹시나 게임 모르는 분을 위한 해설 : 완벽히 무장한 백전노장의 군인에게 단검 하나 들고 덤빌 수는 없다. 우리도 최소한의 무기나 아이템은 갖춰야 했다.)

Q3 노조 가입하면 집회 등에도 나가야 하나?

A 당연히 강제사항은 아니다. 다만 의미에 공감해 많이 참여해 준다면 큰 힘이 될 것이다.

Q4 아버지가 노조에 반대하시는데 어떻게 해야 하나(매우 진지)?

A 노동조합은 즐겁게 살기 위해 하는 것이다. 그 '즐겁게 사는' 것에 가족만큼 중요한 게 없다. 노조가 가족의 평화를 해친다면 가족을 택하는 게 맞다. 그래도 오늘 설명 들었으니, 우리 이상한 사람들 아니고 다 같은 회사 동료라고 한 번만 더 설득해 주면 좋을 것 같다.

기술의 최첨단을 달리는 게임업계지만 노동권에 있어서는 한참 뒤처져 있음을, 아니 기초조차 없음을 느낄 수 있었다. 하긴 나도 '노조' 하면 바로 파업부터 하자고 했을 정도니 말이다(참고로 이러면 불법파업이고, 파업하면 월급 안 나온다. 자세한

건 뒤에서 다시).

이렇게 우리의 상황과 앞으로의 계획을 전달하는 첫 간담
회가 끝났다. 이어서 우리는 '단체협약 요구안'을 만들기 위
해 설문조사를 진행했고, 그 응답 결과를 바탕으로 교섭 요구
안을 만들어나갔다. 그렇게 요구안의 큰 틀이 잡혀갈 때쯤 두
번째 간담회를 진행했다. 두 번째 간담회는 요구안을 공유하
는 자리라 보안(요구안을 회사가 알면 안 되니)을 고려해 외부에
서 했다. 장소가 멀어져서인지 지난번보다 참석인원은 줄었
지만, 사람이 적은 만큼 더 밀도 있고 다양한 이야기를 나눌
수 있었다.

프로젝트 드롭 그리고 권고사직

뒤풀이에서 '프로젝트 드롭 후 대기 상태'에 있는 직원을 만
났다. 그는 이 회사에서만 두 번째였다. 대기 상태 초반에는
프로젝트 결과물을 정리하며 시간을 보냈는데, 이후로는 하
는 일 없이 하루하루 자리만 차지하고 있어 눈치가 많이 보
인다고 했다. 듣는 내내 마음이 불편했지만 이제 겨우 걸음마
를 뗀 우리 노조가 할 수 있는 것은 많지 않았다. 그저 이런
일이 반복되지 않도록 이번 단체협약에서 최선을 다하겠다

는 공허한 말만 되풀이했다. 아무리 빨라도 단체협약에 4개월은 걸릴 텐데, 그 시간이면 지쳐 나가떨어지고도 남았다. 정말 우리는 아무것도 할 수 없는 걸까?

며칠 후 그 직원에게서 연락이 왔다. 회사에서 기어이 권고사직했다는 것이다. 얼마나 억울했을까? 최선을 다한 프로젝트가 하루아침에 사라진 것도 억울한데 회사를 알아서 나가달라니. 게다가 이걸 받아들이지 않으면 동종업계 인사팀 네트워크를 이용해 불이익을 줄 수 있다는 은근한 압력까지 선사했다고 한다.

우리는 회사의 비상식적인 처분에 매우 분노했다. 왜냐하면 회사가 얼마 전 '노조와 모범적 노사관계를 만들기 위해 최선을 다하겠다'라고 '약속'했기 때문이다. 쉽게 한 약속이 아니었다. 약속의 배경은 이렇다. 주 52시간 근무제 시행으로 유연근로제를 도입하려던 시기, 우리 회사도 근로자 대표를 뽑고 절차를 진행했다. 근로자 대표는 법률상 서면합의가 필요해서 뽑은 허수아비였는데, 어떤 직원이 이에 반발하며 전 직원의 의견을 수렴하려고 했다. 회사는 이 직원을 좋게 보지 않았고 대표이사가 직접 권고사직했다. 이렇게 되자 이 직원도 압력을 견디지 못하고 사직을 받아들였다.

이를 안 한 국회의원이 이번 일의 부당함과 함께 게임업계의 장시간 노동 문제를 지적하기 위해 대표이사를 국정감사의 증인으로 세우려 했다. 사건이 널리 알려지고 기사화되자 회사는 다급히 그 국회의원에게, 새로 생긴 노조와 적극적으로 대화하고 모범적 노사관계를 만들어나가겠다고 약속했다. 우리는 회사의 진정성을 믿었고 증인 채택 취소에 동의했다. 하지만 약속한 지 두 달도 되지 않아 회사는 '업계 관행'이란 가면을 쓰고 권고사직을 강행했다. 우리는 언론에 이번 권고사직 문제와 근로자 대표 문제를 밝히고 회사에 정식으로 항의서(공문)를 보냈다. 회사는 우리에게 '오해에서 기인한 문제로 회사의 명예를 실추하고 있으며, 그러한 사실이 없다'고 전해왔다. 몇 차례 사실 공방이 오갔고, 익명게시판은 회사와 우리 중 어느 쪽이 맞는지 뇌피셜 배틀장이 되었다.

며칠 지나지 않아 회사는 우리가 지적한 문제들을 모아 게시판에 해명 글을 게시했다. 노조는 충분한 근거나 인과관계 없이 무고한 회사를 모함하고 있으며, 회사는 직원들을 위해 힘쓰고 있다는 내용이었다. 이런 글로 직원들이 의혹을 해소하고 회사의 진심을 믿어주기를 바라다니 성의가 부족했다. 화룡점정은 글을 최상위에 노출하기 위해 수동으로 글 순서까지 바꿨다는 점이다. 이 가상한 노력(?)은 전 직원 수만큼의 조회 수를 기록한 뒤에야 멈췄다.

누가 이 말을 믿을까 싶었지만, 회사의 강경한 대응에 여론은 반신반의하면서도 회사 쪽으로 미세하게 기울어져 갔다. 우리도 가만 있을 수는 없었다. 우리는 회사보다 더 탄탄한 근거로 더 논리적인 글을 쓰기로 했다. 누구 말이 더 설득력이 있는지 보여주면 된다. 심지어 우리는 팩트다. 팩트로 갈비뼈 몇 대 날려주기로 했다. 긴 글은 읽기 어려울 테니 A4 한 장 분량에 모든 내용을 담았다. 이해가 쉬우면서도 타당하게, 그러면서도 하나도 빠뜨리지 말아야 했다. 주말을 반납해 가며 아내에게 '외부인의 시선에서도 이해가 되는지' 점검도 받았다. 본조의 도움을 받아 최종 교정까지 마쳤다.

월요일 아침이 되었다. 이제 글을 올려야 했다. 글을 올리면 회사에서 바로 연락이 올 테고, 전체가 보는 게시판이니 주목을 받을 것이다. 떨렸다. 아니 쫄렸다. 살면서 이런 경험을 해본 사람이 몇이나 되겠는가? 하지만 해야만 했다. 글을 올렸다. 빠른 속도로 조회 수가 올라갔고 익명게시판에도 퍼져 화제가 되었다. 사건의 개요, 회사 공지를 반박하는 내용을 읽고 사람들이 회사를 손가락질했다. 여전히 쫄렸지만 속이 시원했다. 회사 다니면서 이렇게 속 시원하게 말할 수 있다니, 이게 진짜 '노조'라는 생각도 들었다.

회사는 반박을 멈추고 권고사직을 철회하는 것으로 사태

를 마무리 지었다. 그리고 급히 빵빵한 외부 인력을 스카우트 해 노조 전담부서를 만들었다.

잠깐만! 권고사직은
해고와 다른가요?

정답부터 말하면 예스이다. 하지만 현실에선 거의 같은 의미로 쓰인다. 뭐라는 거야? 의문이 든다면 국어사전을 찾아보자.

권고(勸告)

[명사] 어떤 일을 하도록 권함. 또는 그런 말.

위의 내용에서 보듯이 권고는 권유의 의미이지 강제성은 없다. 엄격히 말하면 회사가 사직을 권유하고 노동자가 수락해 사직서를 쓰는 '자진 퇴사'이다. 그렇다면? 권고사직을 거부할 수도 있다는 건가? 그렇다. 당연히 거부할 수 있다. 하지만 현실에서 '마동석'의 친절하고 착한(?) 권유를 거부할 수 있는 사람이 얼마나 될까?

이렇게 권리가 있지만 현실적으로 어려움을 겪을 때 내 권리를 지켜주고 힘이 되어주는 존재가 있다면 얼마나 좋을까? 이미 있다. 멀리서 찾지 않아도 된다. 그건 바로 노동조합이다.

교섭 상견례는
결혼 전 상견례와
비슷하다

회사가 권고사직을 철회하는 것으로 사건이 어느 정도 일단락됐으니 이제 본경기인 단체협약을 준비해야 했다. 물론 사건에 대응하는 바쁜 와중에도 요구안 작성은 멈출 수 없었기에 평일 밤과 주말을 모두 포기하고 준비했다. 이런 노력으로 90여 개 항목을 담은 단체협약 요구안 초안이 완성되었다. 90여 개면 너무 많은 거 아니냐고 할 수 있지만 하나하나 뜯어보면 사정은 다르다. 단체협약서 내용이 "점심을 공짜로 달라", "1년에 15일 휴가는 너무 적다. 30일로 해달라!" 이렇게 구체적인 요구사항만 쭉쭉 나열한 것은 아니기 때문이다.

그럼 어떻게 구성되어 있나 한번 보자. 우리의 요구사항을 대략 분류해 보자면 이렇다.

- 기업의 사회적 책임과 노동권 존중의 선언적 항목 : 10개
- 단체협약과 노조 활동 관련한 법적 절차를 녹인 항목 : 20개
- 노동자 보호(성평등, 성희롱, 고용보장 등) 관련 법적 항목 : 30개
- 현재 있는 절차나 복지 중 보강이 필요한 사항 : 20개
- 포괄임금제 폐지와 같은 신규 요구사항 : 10개

결국 진짜 요구사항은 30개 내외다. 그중에서 복지 향상이나 쉽게 합의할 수 있는 항목을 제외하면 쟁점은 다섯 가지 정도로 줄어든다. 결국 단체협약은 쟁점 항목들을 어떻게 합의로 끌어내느냐의 승부인 셈이다. 우리의 쟁점 항목은 당연히 포괄임금제 폐지였다.

아, 그리고 매번 이렇게 항목이 많은 건 아니다(매번 이러면 서로 죽어난다). 건축으로 비유하자면 우리는 맨땅에 올리는 새 건물과 같아서 터도 돋우고, 기둥도 세우고, 시멘트도 바르고, 실내장식도 하는 셈이라 항목들이 많았던 것이고, 2회차부터는 건물 보수하고 실내장식 고치는 리모델링 수준이 돼서 10개 정도로 줄어든다.

자 그럼 교섭을 어떻게 시작하는지 이야기해 보자. 단체교섭은 법률적 활동이기 때문에 신청과 진행 절차도 법률에 명확히 정의되어 있다. 이런 걸 처음에 어떻게 다 알았냐고?

그래서 본조(상급 단체)가 있는 산(업)별 노조가 좋은 것이다. 우리 역시 초기에는 본조의 도움을 많이 받았다. 꼬꼬마 노조는 손이 많이 가는 법이다. 응애~.

우선 다음 그림과 같이 회사에 공문을 통해 정식으로 교섭을 요구하면 된다. 그러면 회사는 교섭을 요구받았다는 사실을 7일간 회사 내 게시판에 공고한다. 이렇게 7일을 두는 이유는 회사 내 다른 노동조합이 교섭에 참여할 생각이 있다면 신청할 수 있도록 기간을 주는 것이다. 엥? 회사에 노조가 2개 있을 수 있냐고? 당연하다! 우리나라는 한 회사 내에 여러 개의 노조를 둘 수 있는 복수 노조가 가능해서 3~4개 있기도 하다.

이때 회사가 교섭을 신청한 모든 노조와 교섭하기는 힘드니 '교섭 창구 단일화 절차'라는 교통정리 과정을 두고 있다. 쉽게 말해 여러 노조 중 대표를 선정해 교섭하는 것인데, 보통 반수 이상의 조합원이 있는 노조가 대표가 된다. 만약에 없다면? 그럼 각 노조끼리 논의를 거쳐 공동교섭대표단을 꾸려 함께 교섭한다.

악질적인 회사는 이런 절차와 기준을 악용해 회사 편인 사람들을 부추겨 기존 노조보다 많은 사람을 가입시킨 새로운 노조(일명 '어용노조')를 만들기도 한다. 다른 노조의 교섭

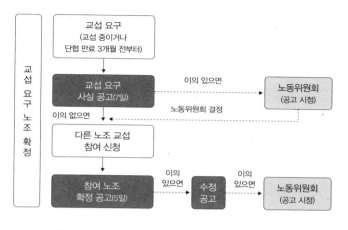

| 교섭 창구 단일화 절차 중 교섭 요구 노조 확정 절차(출처 : 노동부) |

을 방해하거나 아예 교섭권을 뺏어버리기 위해서다. 에이~
설마라고? 21세기에도 실제 많은 곳에서 이런 일이 벌어지
고 있다. 하지만 모두가 알다시피 게임업계는 노조가 없었기
때문에 이런 과정은 없었다.

　모든 절차를 마무리하면 드디어 교섭의 첫 번째 관문에 도
달한다. 그것은 첫 교섭이라 할 수 있는 교섭 상견례이다. 상
견례. 누가 이름을 정했는지 참 적절하다. 결혼한 사람들은
모두 공감할 딱 그 느낌. 실제로 교섭 상견례는 결혼 전에 하
는 양가 상견례와 매우 비슷하다. 만나기까지 유난히 어렵고

만나면 서로 어색한 그 느낌 말이다.

통상 상견례는 대표이사와 노동조합 위원장이 만나서 앞으로 서로 존중하며 잘해보자는 영혼 없는 말을 진심처럼 건네며 시작한다. 그다음부터는 교섭을 얼마나 자주 할지, 어디서 할지, 몇 명이 들어올지 등등 세부 교섭 원칙을 정한다. 그리고 교섭을 준비하는 인원들의 근로시간을 얼마나 면제해 줄 것이고, 교섭을 준비할 장소인 임시 사무실을 어떻게 마련해 줄지 정한다. 근로시간 면제? 임시 사무실? 이건 또 무슨 소리인가?

하나를 보면 열을 안다

나도 처음 노조를 시작했을 때, 이 부분이 회사와 합의되지 않아 많이들 어려움을 겪는다는 것을 이해할 수 없었다. 일은 퇴근 뒤에 하면 되고, 장소야 커피숍이나 집에서 하면 될 텐데 왜 그걸 가지고 싸우는 거지? 그런데 교섭을 진행하면서 알게 됐다. 업무와 병행하면 100% 과로사 각이다(지금은 아니지만 나는 교섭 중 여러 사정으로 둘을 병행했다).

회사와 교섭할 때 요구안이 그대로 관철되는 경우는 흔하지 않다. 교섭 과정에서 왜 이런 주장을 하는지 끊임없이 입

증해야 하고, 회사의 반대 주장에 논리적으로 대응해야 한다. 더불어 회사가 제시한 근거가 정당한 것인지 검증하고 끊임없이 조합원들의 의견을 청취해야 한다. 그리고 교섭 기간이라고 해서 사건 사고가 안 생기는 게 아니라서 이것에 대응해야 한다. 이 모든 일을 업무와 병행할 수는 없기에 근로시간을 교섭이 끝나는 시점까지 면제해 주는 경우가 많다. 파트너가 제대로 교섭 자리에 나와 활동할 수 있도록 하는 일종의 배려인 셈이다. 단기적으로 보면 일할 사람이 빠지니 손해같아 보이지만, 직원들의 요구 수렴 창구를 정상 작동시키고 앞으로 좋은 노사관계를 이루는 토대가 된다는 점을 생각하면 오히려 이득이다.

그러니 대부분 회사가 관례대로 사무실을 마련해 주고 근로시간을 면제해 주지 않겠는가? 임시 사무실, 근로시간 면제에 대한 회사의 태도를 보면 노동조합을 바라보는 시각을 엿볼 수 있다. 왜냐면 이것들이 단체협약을 체결하기 전에는 의무사항이 아니기에 그것을 이유로 거부하는 경우가 왕왕 있기 때문이다. 하지만 이런 곳은 100이면 100, 교섭이 잘 안된다. 하나를 보면 열을 알 수 있다.

다시, 우리 상견례

다시 우리 상견례 자리로 돌아와 보자. 회사 쪽에서는 대표이사와 개발 및 인사 임원, 스카우트된 실장, 그리고 국내 최고 수준 로펌(법률사무소)의 변호사와 노무사가 함께 자리했다. 로펌이 들어온다는 건 우리보다 교섭을 먼저 시작한 타사로부터 이미 들어서 그리 놀라지 않았지만, '굳이 이렇게까지…'라는 생각은 들었다. 우리도 본조의 사무처장을 대표교섭위원으로 해서 교섭위원을 꾸려 함께 자리했다(이 시점의 우리라고 하는 노조 간부는 총 6명으로 늘어 있었다). 초반에는 앞에서 말한 것처럼 덕담(?)이 오갔다.

대표이사가 운을 뗐다.

"노조라고 하면 길에서 빨간 띠를 두른 모습만 봐서 그런지 과격하다는 선입견이 있었는데, 막상 뵙고 보니 제가 틀렸던 것 같습니다. 이 업계에서는 최초로 시작하는 만큼 모범 선례를 남겼으면 좋겠습니다."

노조 대표가 화답했다.

"게임회사라 그런지 경영진 분들도 다른 곳에 비해 젊고 권위적이지 않으신 것 같네요. 대표이사님 건강이 좋지 않다고 들었는데 건강해 보이셔서 다행입니다. 교섭을 늦게 시작한 만큼 불필요한 자존심 싸움은 내려놓고 건전한 교섭이 되었으면 합니다."

너무 훈훈하지 않은가? 하지만 이렇게 이쁜 말들이 오가는 중에도 치열한 눈빛 교환과 기 싸움은 있다. 아무래도 첫 만남이라 만만하게 보이지 않으려 센 척했던 것 같다. 아, 나만 그랬을지도 모른다.

하지만 훈훈한 분위기는 그리 오래가지 않았다. 덕담 이후 실무적인 이야기를 시작하자 분위기는 급격히 경색되었다. 가령 이런 것들이다. 교섭 주기나 방법, 임시 사무실과 근로 시간 면제 같은 이야기들이 나오자, 오늘 그런 것들을 논의하는 자리가 아닌 줄 알았다는 다소 황당한 답변을 회사가 했기 때문이다(돌이켜 보니 진짜 몰랐던 게 아닐까 싶기도 하다. 우리만큼 초짜라…).

그런 이야기 하자고 모여놓고 "난 아무것도 몰라요! 다음에 만나서 정해요!"를 시전하면 어떻게 하냐고 거세게 항의했다. 우리 상견례는 대표이사의 건강 문제로 일반적인 시점보다 한 달 반 이상 늦게 시작했다. 그런 만큼 임시 사무실, 근로시간 면제와 관련해 충분히 이야기할 시간이 있었고, 회사도 어느 정도 상황을 알고 있었다.

"아니 이건 게임 사전예약받아서 캐릭 생성까지 다 해놨는데, 오픈 날 접속하니 가입부터 하라는 수준의 황당한 이야기 네요. 그럼 사전예약은 왜 받습니까? 대표님 어떻게 생각하시나요?"

"…."

분위기가 험악해지자 노사 담당 실장이 중재에 나섰다. 자기도 입사한 지 며칠 안 돼 상황 파악이 덜 된 상태였지만 가만히 두면 더 안 좋아질 게 뻔했기 때문이다. 결국 회사는 최대한 이른 시일 안에 답변을 주기로 하고 오늘은 마무리하자는 제안을 했다. 우리도 계속 이야기해서 달라질 게 없다고 판단해 회사의 제안을 받아들였다.

그 뒤 몇 차례 실무적인 회의와 요청을 정리한 뒤, 회사는 임시 사무실과 1.5명분(이 규모는 조합원 숫자에 비례해 책정한다)의 근로시간 면제를 제공하기로 했다. 남들은 쉽게 쉽게 하는 이 기본적인 사항도 하나하나 가르쳐가면서(?) 해야 하다니… 주기 싫었던 것도 아니고 줘야 하는지 몰랐다니… 아오! 속이 터졌지만 어쨌든 요구가 관철되었으면 된 거지, 뭐.

우리는 첫 요구가 받아들여진 경사를 조합원들에게 알렸다. 그리고 본격적인 교섭 국면으로 들어갔다. 이제부터는 진짜 한 번도 가보지 않은 길의 시작이다.

우리도
파업할 수 있을까

본격적인 교섭이 시작됐다. 교섭은 '본교섭'과 '실무교섭' 두 가지 형태로 진행했다. 둘의 차이는 명확하다. 본교섭이 노사 교섭대표까지 나와서 각을 잡고 하는 다소 딱딱한 것이라면, 실무교섭은 교섭위원 중 일부만 나와서 가드도 좀 내리고 속내도 드러내면서 서로 입장을 좁혀가는, 상대적으로 가벼운 자리이다. 그래서 도저히 풀리지 않는 쟁점이 생기면 실무교섭을 통해 서로의 견해차와 어려움을 이야기하며 풀어나가는 경우도 많다.

회사는 우리가 만든 90여 개의 요구안을 카테고리별로 묶어 차수별로 진행하기를 원했고, 우리 역시 그것이 좋을 것 같아 회사의 제안을 받아들였다. 그리고 각자 간사를 1명씩 지정해, 각 교섭 차수별로 합의된 사항과 세부적으로 논의한 사항을 회의록으로 작성하고, 이를 교차 검사한 후 이상 없음을 확인하고 서명하기로 했다. 이는 가장 일반적인 방식인데 간사는 각자의 입장이나 준비가 필요한 사항을 전달하고 조율하는 중요한 역할도 한다.

그렇게 우리는 총 9번의 본교섭을 진행(중간중간 실무교섭도 하면서)했는데 9번의 본교섭 중 마지막 3번은 '집중교섭' 형태로 진행했다. 집중교섭이란 이전 교섭에서 합의 보지 못한 사항들을 합의에 이를 때까지 조율하는 끝장토론 같은 것인데, 뉴스에서 "○○ 노사는 밤샘 교섭 끝에도 결국 합의에 이르지 못해 결렬이 났다"라고 하는 것이 보통 이것이다. 만약 끝끝내 합의하지 못하면 어떻게 되냐고?

"더 이상 대화가 되지 않으니 우리는 투쟁으로 돌파하겠소! 가자 총파업!"을 기대했다면 미안하다. 우리나라 노동법은 그렇게 호락호락하지 않다. 잠시 마음을 가라앉히고 내 말을 먼저 들어보자. 파업과 같이 회사 운영에 지장을 주는 여러 활동과 행위들을 '쟁의 행위'라고 부르는데 이런 활동을 하려면 그 전에 밟아야 할 단계가 있다. 이 단계를 밟지 않으면 불법파업에 해당해 그 기간 회사가 손해 본 것들을 노조가 모두 배상해야 한다.

파업하기도 전에 지친다

우리나라에서 합법적으로 파업하는 프로세스를 대략 살펴보자. 정확히 하자면 다음 그림과 같은 세부 과정이 있으나 머리가 아프니 주요 포인트만 후루룩 살펴본다.

일단 전제 조건은 ①교섭하다가 결렬이 나야 한다. 어! 이상하다. TV 보면 맨날 노조가 파업하던데? 그렇지 않다. 철저히 기분 탓이다. 자 이야기를 이어가 보자. 결렬이 나면 노사는 요구안을 노동부에 가져가 "우리끼리 이야기가 안 되니 네가 좀 중재해 줘~"라고 하는 ②조정 절차에 들어간다. 그럼 노동부는 성실하게 노측과 사측의 생각을 들어보고 중재안을 내놓는데, 여기서 한쪽이라도 이 조정안을 받아들이지 않으면 ③조정이 중지(결렬)된다.

국가의 중재 노력도 수포가 되었으니 그럼 바로 파업 가능? 노노! 아직 더 남았다. 이 상태가 되면 조합원 전체를 대상으로 ④쟁의 행위 찬반 투표하고 여기서 ⑤반수 이상 득표해야 비로소 합법적으로 파업할 수 있는 준비가 끝난다. 파업한 게 아니라 파업하는 준비가 끝난 것이다. 여기까지 오는 데 짧게 잡아도 4~5개월은 걸린다. 그나마 철도, 수도, 가스 같은 공공 부분은 필수 공익 사업자라고 해서 파업에 참여하

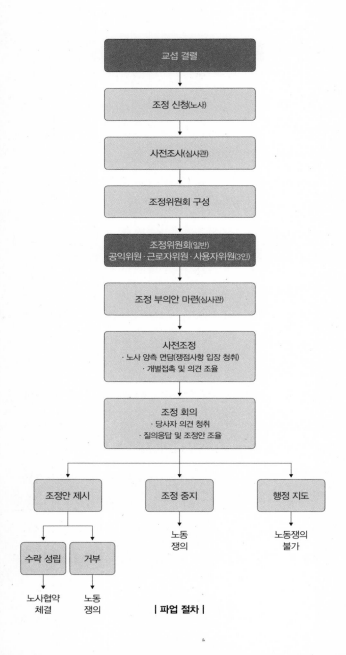

| 파업 절차 |

지 못하는 인원도 지정되어 있다. 정리해 보면 다음과 같은 과정이 필요하다.

① 교섭 중 결렬
② 노동부 조정 절차
③ 조정 결렬
④ 쟁의 행위 찬반 투표
⑤ 반수 이상 득표

이렇게 절차가 복잡해서 파업하기도 전에 준비하다 지친다고 할 정도다. 아 참 그리고 쟁의 행위 중에도 '무노동=무임금' 원칙이 적용된다. 즉, 파업하는 동안 일하지 않기 때문에 그동안은 월급이 당연히 안 나온다. 이 내용을 모르는 사람이 많아서 파업 기사에 "파업하는 XX들은 월급을 안 줘야 해!" 같은 댓글이 많이 달린다. 파업은 기분 좀 나쁘다고 막할 수 있는 것이 아니라, 내 생활의 불이익(소득 감소)을 감내하더라도 반드시 관철해야 한다는 의견이 모여야(투표) 가능하다.

하지만 아무리 노동자의 요구가 절박하더라도 시민들에게 불편을 주고 회사에 손해를 끼치는 행위는 '합법의 탈을 쓴

비도덕적 행위' 아니냐는 의견이 있을 것이다. 나는 이렇게 되묻고 싶다. 회사가 주는 월급(임금)으로 생활을 꾸려가는 노동자가 '거위의 배'를 가르듯 회사를 한 방에 망하게 하는 요구를 할 것 같은가? 그렇지 않다. 그래서 시민들에게 불편을 끼치고 노동자를 차디찬 길거리로 내모는 것은, 그 작은 요구조차 양보하지 않는 회사에 더 큰 책임이 있다.

대부분 문명사회는 불완전한 자본주의 시스템에서 인간의 탐욕이 만들어낼 부작용을 견제하고 사회 전체를 건강하게 만드는 거의 유일한 방법이 파업임을 알고 있다. 재산권을 침해할 수 있는 파업권을 헌법으로 보장하는 것은 이런 맥락에서 나온다. 파업한다고 나라 안 망한다. 그런 거면 군인마저 노조가 있는 GDP 4위의 독일은 이미 역사에서 사라졌어야 한다.

우리도 할 수 있다

2회차 교섭은 우리가 회사에 전달한 요구안에 대한 설명과 회사 측의 질문으로 진행되었다. 본격적으로 한판 붙을 줄 알고 잔뜩 힘을 주고 갔는데 약간 김이 샜다. 그렇게 집중교섭 전까지의 교섭 분위기는 대체로 비슷했다. 어차피 쟁점사항은 집중교섭에서 치열하게 다툴 것이니 그 전까지는 쉽게 합의할 수 있는 부분을 먼저 정리하자는 것이 양쪽의 생각이었다. 돌이켜 보면 이 전략은 매우 유효했다. 초기부터 "다른 건모르겠고 포괄임금제 폐지, 이거부터 매듭짓고 갑시다!"라고했다면 대화는 좀처럼 풀기 어려웠을 것이다.

하지만 교섭을 하던 중에는 이렇게 해서 정말 '포괄임금제 폐지'를 포함한 합의가 가능할지 의문을 멈출 수 없었다. 그도 그럴 것이 집중교섭 직전까지 합의한 항목은 전체의 43% 수준이었다. 핵심 쟁점사항은 다루지도 않았고, 이 기간에 다뤘던 내용들은 당장 돈이 안 들거나, 법률에 따라 마땅히 회사가 해야 할 사항 혹은 이를 약간 보강한 것이었다. 예를 들면 다음과 같다.

- 수습 기간 6개월에서 3개월로 단축 → 합의
- 노사협의회 운영, 성희롱 예방, 대량 해고 시 기준 → 법률 준수사항이라 합의

이렇게 답답한 마음을 가지던 중 처음 우리 홍보물을 함께 나눠줬던 A 지회의 교섭 결렬 소식이 들려왔다. 교섭을 시작하면서 잘 풀리지 않을 수 있다는 생각은 당연히 했지만, 가

장 잘 풀릴 것이라 예상했던 A 지회의 교섭 결렬 소식은 그간의 답답함을 불안감으로 바꾸기에 충분했다. 결국 결렬은 조정 중지로, 그리고 쟁의 행위 찬반 투표로 이어졌다. 다행히 투표 결과는 90%를 한참 넘긴 찬성으로 가결되었다. 하지만 IT 지회에서 처음 하는 쟁의이니만큼 주목하는 언론과 주변의 시선을 극복해야 했고, 교섭을 타결시켜야 한다는 부담감이 얼마나 클지 지켜보는 나조차 짐작할 수 있었다. 그리고 바로 이어진 의문. 과연 우리도 같은 상황이 온다면 저만큼 잘할 수 있을까? 솔직히 자신 없었다.

하지만 나의 이런 불안과 걱정이 무색하게 A 지회는 IT 회사답게 단체 영화관람 같은 새로운 방식의 부분 파업(쟁의 행위)과 로비에 수많은 사람이 모여 목소리를 내는 고전적인 기존 방식을 절묘하게 섞어 그들만의 방식으로 당당히 싸움을 이어나갔다. 그 모습은 신생 노조들에, 특히 나에게 '우리도 할 수 있다'는 자신감을 주었다. 그래서 그들의 싸움을 더 돕고 싶었다. 단순히 이 싸움의 결과가 우리 교섭에도 영향을 주기 때문에 함께하는 것이 아니라, 그들이 옳아서 반드시 이겼으면 하는 마음이 더 컸다(글을 쓰는 이 시점에 돌이켜보니 마음에 비해 실천과 참여로 이어졌던 경우가 많지 않은 것 같아 미안하다).

A 지회 지회장은 당시 심정을 나중에 이렇게 밝혔다.

"가장 스트레스가 심했던 시기였고 살얼음판을 걷는 나날들의 연속이었죠. 순간의 잘못된 선택이 어렵게 탄생한 조합과 조합원들을 위험에 빠뜨릴 것 같아 걱정이 컸습니다. 노동자의 목소리가 존중받지 못한다면 쟁의는 꼭 필요합니다. 다만 집행부만 앞서 나가선 안 됩니다. 느리게 가더라도 상황을 잘 전달해서 조합원 모두와 함께 호흡해야 해요. '쟁의에서 조합원과 함께 호흡하는 것은 선택이 아니라 필수다. 그게 안 되면 쟁의는 하지 말아야 한다.' 당연하지만 막상 해보면 쉽지 않더라고요. 돌이켜 보면 힘든 순간들이었지만 그 당연한 걸 깨닫는 시간이었어요. 결국 노동조합은 몇몇이 아닌 모두와 함께하는 거니까요."

A 지회를 보며 불안감과 자신감이 절묘하게 공존할 때쯤, 우리에게도 지난 교섭에서 뒤로 미뤄뒀던 방학 숙제를 해야 하는 시기가 다가오고 있었다.

집중교섭,
집중해서
후딱 끝냅시다

미루고 미뤘던 미합의 항목을 진짜로 이야기할 시간이 왔다. 업계용어로 '집중교섭'이라 쓰고 '끝장토론'이라 읽는다. 시간에 구애받지 말고 합의가 될 때까지 해보자는 의미다. 물론 한 번에 합의가 안 될 때는 여러 번 하기도 한다.

우리에게도 이 시간이 왔다. 포기해야 할 것과 반드시 얻어야 할 것을 냉정하게 구분해야 한다. 착잡한 심정으로 우선순위를 매기고 포기해야 할 것들을 정리하고 있는데 기쁜 소식이 들려왔다. 우리와 함께 교섭을 시작했던 게임회사 B 지회가 포괄임금제 폐지를 주요 골자로 잠정 합의한 것이다('잠정' 합의인 이유는 조합원 찬반 투표라는 절차가 남아 있었기 때문이다).

동네 친구의 합의 소식은 기쁘기도 했지만, 한편으론 우리도 빨리 합의해야 한다는 부담으로 다가왔다. 아마 회사 측도 마찬가지였을 것이다. 왜냐하면 게임 관련 커뮤니티나 언론이 우리 회사가 언제쯤 합의할지 계속 지켜보고 있었고(게임산업에서 흔한 일이 아니다 보니) 회사는 이런 관심에 익숙하지 않았기 때문이다.

그리고 만연한 이직 풍토도 부담의 한 축을 담당했다(이때가 2월 중순, 바야흐로 이직 시즌이었다). 포괄임금제 폐지 여부에 따라 연봉이 같아도 실제 내 주머니에 들어오는 돈이 달라지기 때문이다. B 회사로 이직할 충분한 이유가 되는지라 회사도 시간이 많지 않았다(같은 이유로 주변 게임회사들 모두가 우리 교섭에 관심이 컸다고 한다).

그럼 다시 우리 교섭 이야기로 돌아가자. 우리는 집중교섭을 통해 앞선 교섭에서 합의하지 못한, 약 60%에 가까운 항목을 다시 논의해야 했다. 각 항목은 큼지막한 것부터 입장차만 좁히면 되는 것까지 종류도 다양했다. 하지만 중심으로 내건 '포괄임금제 폐지', '고용안정', '복지 향상'은 여전히 견해차를 좁히지 못한 상태였다.

그도 그럴 것이 당시 노동시간 기준으로 야근 수당을 지급하게 되면 갑자기 인건비가 20~30%는 증가할 게 분명했다. 그렇기에 돈과 관련된 항목은 이놈의 '포괄임금제'를 어떻게 할지 정해야 이야기를 진행할 수 있었다. 시간이 지난 지금은 아주 쪼끔 이해되지만, 교섭 한복판에서 잔뜩 격양된 상태였던 그때는 회사의 주장을 조금도 받아들일 수 없었다. 왜냐하면 우리 회사는 몇천억대의 매출과 40% 수준의 영업이익을 내는, 소위 '돈 자루째 쓸어 담는' 곳이었기 때문이다(잘나가는 게임사는 영업이익이 30% 이상 된다).

수당으로 인한 인건비 증가분이 결코 적은 돈은 아니지만, 그동안 직원들이 수당 한 푼 받지 않고 야근해 가며 쌓아놓은 돈에 비하면 크지 않다고 생각했다. 그저 정당한 나의 몫을 받는 것뿐인데 회사에서 '돈! 돈!' 하니 화가 났다. 야근 수당 좀 챙겨준다고 게임사 사장님들 부자 순위는 안 변할 텐데 말이다.

일단 회사의 앓는 소리를 더 이상 듣기 싫어 포괄임금제 같은, 바로 돈이 들어가는 문제는 미뤄두고 나머지 것들부터 합의점을 찾기 시작했다. 기업의 사회적 책무, 투명 경영 같은 노조의 상징성은 있지만 실효가 적은 항목들은 아쉽지만 철회했고, 그 외에 우선순위가 낮은 복지 향상도 현재 수준으로 합의했다. 양보의 아이콘이 된 것 같아 속이 끓었지만 큰 협상을 해야 하는데 작은 것에 집착하면 모든 걸 그르친다는, 경력 20년 차 상급 단체 노조원들의 조언을 따르기로 했다. 그리고 그것은 역시 옳았다.

이렇게 첫 번째 집중교섭은 진짜배기를 다시 뒤로 넘겨놓은 채 끝났다. 여러 차례 회사가 포괄임금제 폐지는 어렵다는 견해를 공식·비공식적으로 전했기 때문에 이 국면을 어떻게 돌파할지 깊은 고민이 시작되었다. 우리는 많은 논의를 거쳐 단순하지만 명료한 결론을 내렸다.

"포괄임금제 폐지가 노조 간부 몇몇의 요구가 아닌, 직원 모두의 요구라는 것을 보여주자!"

어떻게? 현장에서 의견을 직접 묻는 것이다. 그래서 두 번째 집중교섭이 있기 하루 전, 우리는 점심시간에 맞춰 구내식당 앞에서 홍보물로 지금의 상황을 알리고 앙케트 보드를 세워 직원들의 의견을 스티커로 표현하도록 했다.

반응은 뜨거웠다. 식사를 마치고 나온 사람들이 자기 의사를 표현하기 위해 보드 뒤쪽으로 줄을 섰다. 줄 선 사람이 수십 명이 넘어가자 사측에서 전화가 왔다. 교섭에 영향을 줄 수 있는 이런 식의 활동을 꼭 해야겠냐고. "네, 꼭 해야 합니다"라고 답했다. 급기야 사측에서 직접 사람이 찾아왔다. 예상치 못한 민감한 반응에 조금 당황했지만, 우리의 의지는 확고했고 많은 사람이 지켜보고 있었다. 물러설 수 없었다.

"교섭 하루 전에 이런 식으로 여론몰이를 해야겠어요? 지금 이러시면 내일 대화가 더 어려워질 수 있다는 거 염두에

두시길 바랍니다."

"정당한 우리의 홍보 활동이고, 그저 사람들의 의견을 묻는 과정입니다. 어떤 부분이 문제가 되는 거죠? 우리가 진로를 방해했어요, 업무를 방해했어요? 지금 이렇게 막는 거 부당노동행위로 간주하겠습니다!"

이렇게 옥신각신하는 사이 앙케트 보드의 폐지하자는 쪽 면이 스티커로 가득 채워졌다. 그 조그만 스티커 하나하나가 자신감과 힘이 되었다. 그래, 더 당당히 요구하자. 우리의 요구는 틀리지도 무리하지도 않다. "그런다고 그게 되겠어?"라고 냉소하던 사람들에게 보여주자. 우리가 하나로 뭉치면 반드시 해낼 수 있다.

공짜 야근은 없다

두 번째 집중교섭 날이 되었다. 어제의 영향인지 회사가 드디어 포괄임금제 이야기를 꺼냈다. 기분 좋아할 시간은 없었다. 아니, 기분은 공중낙하처럼 땅으로 곤두박질쳤다. 아주 그냥 XX 같았다.

회사는 즉시 폐지하면 제도에 혼선이 오고 비용적인 측면에서 타격이 크니 '단계적으로 폐지'하자고 했다. 현재 52시간(연장 12시간)인 근무시간을 46시간으로 1차적으로 줄이고, 내년 3월에 포괄임금제를 '폐지'하는 안이었다(이때는 2월). 대신 조합에서 요구한, 돈이 들어가는 복지를 최대한 향상하겠다고 제안했다.

이게 무슨 말이냐 하면, 현재 1주에 12시간까지인 공짜 야근을 6시간으로 줄이고, 그 시간이 넘으면 야근 수당을 준다는 말이다. 언뜻 보면 공짜 야근시간도 줄고 복지도 좋아지고 시간이 좀 걸리지만 폐지도 되니 괜찮지 않냐고 할 수 있겠지만 사실 그렇지 않다. 우리가 돈 몇 푼 더 받으려고 포괄임금제 폐지를 이야기한 게 아니기 때문이다. 우리가 포괄임금제 폐지를 이야기한 것은 노동자와 회사 모두를 망가뜨리는, 사람을 갈아 넣는 노동문화를 바꾸기 위해서였다. 다시 말해 '이 바닥에 공짜 야근은 없다'는 메시지를 모두에게 각인시키고자 한 것이었다. 이런 취지로 요구하는 것이라고 수도 없이 말했는데, 회사는 먼 미래보다 눈앞의 주판에 정신이 팔려 돈만 외치고 있으니 분노조절 장애가 올 것만 같았다.

설령 돈 문제라고 쳐도, 우리가 돈을 '더' 내놓으라는 것도 아니고 '더 일한 만큼' 달라는 건데 왜 안 된다고 하는가. 심지어 바로 코앞의 회사는 올해 8월에 없앤다는데 우리는 내년 3월? 1년이나 넘게 남았다. 더군다나 민주노조의 생리상 집행부가 합의한다 해도 조합원 총투표에서 반수 이상이 찬성해야 최종 통과가 되는 걸 더 잘 알면서 내놓은 합의안이 겨우 이거라고? 우리를 우롱한다고 생각했다.

회사는 이 안을 받아들이는 전제로 다른 항목들을 빠르게 논의하자고 했다. 하지만 우리는 이런 안은 받을 수도 없고, 받아봐야 조합원 총투표를 통과하지 못할 게 뻔하므로 옵션이 줄어들더라도 다시 교섭을 열겠다고 맞섰다. 그 뒤로 이야기는 계속 평행선이었다.

두 번째 집중교섭이 끝났다. 합의를 할 것이라 기대해서 그런지 평소보다 힘이 더 빠졌다. 언제 끝날지 모르는 지난한 싸움은 우리 모두를 지치게 했다. 결국 우리는 우리의 요구를 관철하기 위해서는 쟁의가 불가피하다는 결론에 다다랐다.

마음이 착잡했다. 하지만 A 지회도 하는 걸 우리라고 못 할리 없다. 처음이 힘들지 하다 보면 어떻게든 될 것이다. 여태까지 그래왔던 것처럼. 우리에겐 명분도, 조합원들의 든든한 지원도 있지 않은가? 이렇게 수없이 되뇌었지만 가보지 않은 길은 역시 두려웠다. 하지만 언제까지 두려움에 손을 놓고 있을 수는 없었다. 우리는 모두 모여 정말 우리가 쟁의를 할 수 있을지, 한다면 어떻게 해야 할지 등 현실적인 대책을 세워나갔다.

이렇게,
이겼습니다

지난 2차 집중교섭 이후 정말 쟁의를 할 수 있을지, 한다면 어떻게 해야 할지를 고민하는 시간을 보냈다. 하지만 아무리 고민해도 이건 해보기 전엔 모른다는 결론에만 이르렀다. 시간은 그렇게 약속한 세 번째 집중교섭 날이 되었다.

사전에 회사 측 사람과 이야기하고 온 교섭대표가 아무래도 포괄임금제의 즉각 폐지는 어려울 것 같다고 말했다. 타사 대비 야근시간이 길어 인건비 상승이 크기 때문에 회사가 단계 폐지를 고수한다는 것이다. 이제 결정을 내려야 했다. 서로가 적당히 웃을 수 있는 단계적 폐지냐, 아니면 "못 먹어도 고!"를 외치며 즉시 폐지를 주장할 것이냐.

교섭대표가 물었다.

"꼭, 바로 폐지해야겠어요? 지금 단계에서는 아직 힘이 없으니 받아들일 줄도 알아야 합니다. 조금 늦어지는 거고 복지 면에서 향상도 많이 되는데, 나쁘지 않은 조건입니다."

내가 대답했다.

"우리가 노조를 만든 이유는 포괄임금제를 폐지하기 위해서입니다. 직원들은 아무것도 없는 우리를 이거 하나 보고 지지해 줬는데, 이걸로 딜을 할 수는 없습니다. 여기서 물러서면 노조 산산조각 납니다. 로비에 드러눕든 천막을 치든 우리가 할 수 있는 모든 걸 다해서 반드시 해내야 해요. 저 이거 못하면 얼굴 들고 이 회사 다닐 자신이 없어요."

이때 무척 화를 내며 이야기했던 것 같다. 냉엄한 현실을 누구보다도 더 잘 알기에 나에게 화가 난 것이 아닐까 싶다. 하지만 내 생각, 아니 우리의 생각은 확고했다. 그래! 까짓거 한번 해보자! 우리가 이기지는 못하더라도 엄청 괴롭혀 줄 수는 있잖아! 주사위는 던져졌다. 못 먹어도 고!

그렇게 마지막 교섭 날이 되었다. 회사는 예상대로 단계적 폐지를 전제로 이야기를 이어나갔다. 반대로 우리는 즉시 폐지를 전제로 현금성 복지 향상과 같은, 우리가 물러설 수 있는 것들을 하나하나 버렸다. 다른 모든 것을 포기하더라도 포괄임금제 연내 폐지는 물러설 수 없다는 우리의 의지를 확고히 보여준 것이다. 말하지는 않았지만, 그날 우리들의 흔들리지 않는 눈빛에서 회사는 아마 눈치챘을 것이다. 그리고 회사도 잘 알고 있었다. 우리가 쟁의해서 자기들이 이기더라도 그 과정에서 남는 상처가 적지 않으리라는 것을 말이다.

그런 비언어적 의사 표시와 함께 기존의 요구를 적극적으로 줄여나가니 회사에서도 드디어 변화한 안을 가지고 나왔다. 단체협약의 적용 범위를 조율하는 조건으로 포괄임금제 연내 폐지를 걸었다(이때는 3월이었다).

적용 범위? 적용 범위는 이런 의미다. 법적으로 회사가 노동조합 가입에 제한을 둘 수는 없지만, 회사는 주요 정보가 새나갈 수(?) 있는 사람들의 노조 가입을 최대한 막고 싶어 한다(사실 이 말도 진짜 웃기다. 직원을 잠정적 내부 정보 유출자로 보다니…). 그래서 생각해 낸 꼼수 of 꼼수가 적용 범위 제한이다. 한마디로 이번 협상의 결과물을 적용받지 못하는 사람들을 만들자는 것이다. 가입해도 혜택을 못 받게 해서 가입 유인을 막자는 취지다. 유치하고 치사하지만, 현실에서는 잘 먹힌다. 그 범위는 재무, 법무, 보안, 인사 같은 직무였다(실제로 단체협약 결과는 비조합원까지도 대부분 적용되기 때문에 노동조합 간부가 아니라면 차이는 거의 없다. 이러니 더 치사하다).

하지만 이런 부분은 누구나 가입할 수 있는 노동조합의 기본 생리를 저해할 수 있는 영역이기에 그 어느 때보다 치열한 토론이 오갔다. "왜 직원들을 믿지 못하냐? 어차피 정보 새나가면 보안서약서에 적힌 것처럼 인사상 불이익, 민·형사 고발 다 하지 않냐? 직원들의 직무윤리를 믿어라"와 같은 말은 통하지 않았다. 결국 명분보다는 실익을 택하기로 하고 조합원이 적거나 가입할 확률이 낮은 조직을 적용 제외로 받아들이기로 했다. 그 조직에 속한 분들의 노동권을 팔아 원하는 것을 얻어낸 것 같아 울분이 차올랐지만 어쩔 수 없었다.

이제 마지막으로 포괄임금제 차례였다. 회사의 조건을 들어줬으니 연내 폐지는 확정되었다. 하지만 연내(年內)라는 말은 참 재미난 말이다. 왜냐고? 내일 해도 연내고, 12월 31일에 해도 연내이기 때문이다. 이런 말장난 같은 토론(?)을 하다 결국 회사는 연봉 협상 시점이 3월이니까 준비 기간 6개월을 거쳐 10월 1일에 폐지하는 것이 어떠냐고 제안했다. 7개월이나 남은 이 시점을 받아들이기 쉽지 않았지만, 고작 한두 달 더 당기기 위해 쟁의를 할 수는 없었다. "그래! 이쯤이면 우리 모두 최선을 다했다!"라는 마음으로 회사의 제안을 받아들이기로 했다.

이 논쟁을 끝으로 포괄임금제 폐지를 주요 골자로 한 내 생애 첫 단체협약을 잠정 합의했다. 이유는 모르겠지만 눈물이 왈칵 났다. 7년 전 처음 게임회사에 입사했을 때 했던 다

짐, 반드시 내 손으로 포괄임금제를 없애고 말겠다는 그 치기 어린 다짐을 지켜낸 스스로가 자랑스러웠다. 우리 모두의 힘으로 한 것이긴 하지만 이날만큼은 내가 해냈다는 성취감에 취해 있었다. 하루 정도는 괜!찮!잖!아?! 어?!

잠정 합의 이후 협약서에 '근로'로 쓸지 '노동'으로 쓸지와 같은 세부적인 의견 차이로 작은 다툼도 있었지만, 나머지 절차는 착착 진행되었다. 그사이 우리의 잠정 합의 소식은 여러 매체를 통해 기사로 나갔고 주변에서 고생했다는 격려를 많이 받았다. 아, 근데 나머지 절차가 뭐냐고?

앞에서 몇 차례 이야기했다시피 노동조합은 무조건 1인 1표의 투표를 통해 주요사항을 결정한다. 교섭에서 합의가 되더라도 조합원 총투표를 거쳐야 실제 통과가 되는 것이다. 그래서 '잠정'이라는 단서를 붙인다. 한마디로, 합의한 결과물을 전체 투표에 부치고 찬성이 50%를 넘어야 진짜 합의 도장을 찍을 수 있다는 말이다. 그 말인즉 우리는 이제 투표를 준비해야 했다. 아, 그 전에 "요런 내용으로 잠정 합의했습니다" 하며 설명회도 해야 했고…. 교섭만 끝내면 일이 끝날 줄 알았는데 끝이 없구나.

그래도 안개 가득한 교섭 상황보다는 무엇을 해야 할지 분명한 이 상황이 나쁘지 않았다. 아니 훨씬 좋았다. 그렇게 성실히 준비한 설명회는 강당 자리가 모자라서 서서 보는 사람이 수십 명일 정도로 성공리에 진행되었다. 뿌듯했다. 이제 마지막으로 투표만 하면 끝이었는데 작은 변수(?)가 생겼다. 우리는 노조가 생기고 처음 하는 투표인 만큼 당연히 오프라인 투표와 온라인 투표를 병행할 생각이었는데, 회사 측에서 장소를 협조하지 않겠다고 나온 것이다. 아니 좋게 좋게 이야기하는 이 마당에 왜? 아~ 어쩔 수 없이 합의해 줬지만, 우리가 눈에 띄는 게 싫구나?! 오호~ 그럼 더 눈에 띄게 해줘야지. 투표 장소를 내줄 수 없다는 회사에 우리는 날도 좋은 춘삼월이니 야외에 투표소를 설치하겠다고 맞섰다. 결과는 어떻게 됐냐고? 실내에서 했다.

귀여운 건 무조건 옳으니까

이제 회사에 지른 것도 있으니 높은 투표율을 보여줘야 했다. 뭐가 좋을까 하다가 Back to the basic. 퀘스트를 하면 보상을 주자는 우리의 철학에 맞게 선착순 30명에게 귀여운 피규어를 주기로 했다. 원래 귀여운 건 무조건 옳으니까. 30개 소량으로 준비한 이유는 타사의 사례를 보았을 때 오프라인 투표는 회사에 얼굴이 팔리기도 하고 번거로워서 많이 안 한다고 들었기 때문이었다. 큰 기대 없이 피규어 상품을 조합원이 있는 카카오톡 공개 채팅방과 문자로 알렸다. 귀엽다, 꼭 갖고 싶다, 텐트를 치고 줄을 서겠다는 반응이 나왔지만 대수롭지 않게 여겼다.

다음 날이 되었다. 투표 개시 30분 전부터 사람들이 하나 둘씩 모여들기 시작했다. 음… 뭐지? 진짜 몰려오려나? '설마'는 사람을 잡았고 순식간에 100명이 줄을 서서 투표가 시작되기를 기다렸다. 그렇다. 우린 방심한 것이다. 여긴 게임 회사고 귀여운 것에 환장한(?) 덕후가 수백 명이나 있다. 의도한 것은 아니지만 덕력에 힘입어 투표는 아주 성공적으로 끝났고, 투표라는 참여 행위가 사람들에게 축제나 놀이처럼 받아들여졌다는 또 다른 성공도 거뒀다. 그 결과 투표율 96.7%, 찬성률 99.7%라는 압도적인 숫자로 통과되었다.

이로써 합의서에 도장을 찍는 조인식이 남긴 했지만 사실상 교섭과 관련한 모든 절차는 마무리되었다. 너무나 기뻤다. 하지만 뭔가 섭섭했다. 뭐가 빠졌는지 생각해 봤다. 그렇다. 좋은 일이 있으면 파티를 열고 함께 즐거움을 나눠야 한다. 우리는 조합원들과 함께할 수 있는 자리를 만들어보기로 했다. 판교 구석구석을 수소문하여 적당한 장소(역시 치킨이지)를 빌렸고, 축하 파티 개최를 공지하고 행사를 준비했다. 행사 당일 얼마나 올지 노심초사하며 기다렸는데 만석을 넘어 자리가 없을 정도였다. 발길을 돌려야 하는 분들에겐 미안한 마음에 집에 가서 드시라고 치킨을 한 마리씩 포장해 드리기까지 했다. 이 성공적인 파티를 마지막으로 진짜 우리의 첫 장이 마무리되었다.

돌이켜 보면 고작 5개월이었는데 5년같이 느껴졌던 밀도 높은 시간이었다. 고작 단체협약 하나 체결한 꼬꼬마 노조지만 우리는 또 한 걸음을 내디뎠다. "느리더라도 지치지 않고 쉼 없이 뚜벅뚜벅 나아갈 것이다. 그리고 우리는 행복했다"로 끝나면 좋겠지만 우리 앞길엔 엄중한 현실과 또 한 번, 아니 계속해 가보지 않은 길들이 기다리고 있을 것이다.

2부

우리는
이렇게 살고 있어요

1부에서는 아무것도 모르고 시작했던 노동조합 결성부터 치열했던 첫 단체교섭 체결까지 5개월의 대장정을 살펴보았다. 2부는 교섭만큼 극적이진 않지만 처음 겪어 고민되고, 어떻게 할지 모르겠지만 조합원들 앞에서는 어떻게 할지 다 아는 척해야 했던 꼬꼬마 노조의 성장기이다. 그리고 아무것도 몰라 좌충우돌했던 첫 임금 교섭 이야기도 있다.

자, 그럼 노동조합의 일상 활동으로 들어가 보자. 고고고!

노동조합
사무실이 생겼어요

뚜둥! 첫 단체교섭의 결과로 드디어 정식(!) 사무실이 생겼다. 교섭을 진행하는 동안 임시로 받은 회의실이 하나 있기는 했지만 위치도 나쁘고 공간도 협소해 더 큰 장소가 필요했다. 무엇보다 창문이 없어 공기가 탁했다. 그래서 교섭 때 이를 회사 측에 말했고 더 크고 햇볕도 잘 드는 곳에 사무실을 마련해 주기로 약속받았다. 그 약속이 이제 이행되는 것이었다. 여러 장소 중 적당한 곳을 선택해 바로 내부 공사에 들어갔다. 실내장식 공사가 끝나고 책상, 복합기, 컴퓨터 등 집기가 하나씩 들어오니, 창업하면 이런 느낌일까 싶고 조금 뭉클하기도 했다.

그런데 잠깐! 노조가 무얼 하길래 사무실씩이나 필요한 거지? 의문을 해결하기 위해서는 질문 하나를 던져야 한다. 노동조합이 교섭(협상)하지 않는 시즌에 가장 많이 하는 업무 두 가지가 무엇일까?

정답은 '회의'와 '상담'이다. 직관적으로 이해되는 상담부터 살펴보자. 노동조합이 생기면 그동안 어디에도 이야기 못 했던, 묵혀뒀던 사연(?)들이 하나하나 수면으로 떠오른다. 상사에게 폭언과 모욕을 당했던 일, 부당한 업무 평가, 임신이나 육아로 일찍 퇴근한다고 눈치를 줬던 상사 등등 "21세기 판교에 이런 일이? 후덜덜"을 외칠 수 있는 일들도 더러 있다. 이런 사연들의 대부분은 조합원 단체카톡방(우리는 의사소통을 원활히 하고, 조합원들이 서로 정보를 교환할 수 있게 단체카톡방을 운영 중이다)에서 푸념처럼 나왔다 사라지곤 했다. 하지만 조합원이 찾아와 해결책을 상담하거나 우리가 푸념을 지켜보다가 상황이 심각하면 면담을 요청하기도 한다.

상담할 때 회사 회의실을 써도 되지만 그간 속에 담아두었던 이야기를 털어놓는 것이니만큼 심리적으로 안정감을 주는 공간이 좋다. 그래서 회사 내 접근성이 좋은 위치에 우리만의 공간(사무실)이 꼭 필요하다.

오케이! 상담소가 하나 필요하다 이거군. 이건 접수! 그럼 회의는 또 무슨 말이야? 노동조합도 엄연히 조합비라는 예산을 가지고 사업 계획을 세우고 이를 집행하는 하나의 비영리

단체이다. 그래서 회사 일과 똑같이 행정적인 일도 많고 업무상 회의할 일도 많다. 게다가 '노동조합'은 그 명칭에서 알 수 있듯이 공동의 목적을 이루기 위해 직원(노동자)들이 민주적으로 조직한 단체 즉 '조합'이다. 의사결정권이 한 명에게 집중된 구조가 아니기 때문에 대부분의 중요한 의사결정은 회의를 거쳐 표결로 이루어진다. 구조적으로 회의가 많을 수밖에 없다. 효율만을 생각하면 결정권을 몰아주는 것이 좋을지 모르겠지만 효율이 높다고 항상 좋은 결과를 가져오지는 않기에, 느리지만 좋은 구조라고 생각한다. 길게 썼지만 한 줄 요약하면 조합원 면담도 하고, 집행부가 업무도 하고 회의도 할 공간이 필요하기에 사무실은 필수다!

이렇듯 중요한 우리만의 공간이 생겼으니 축하하지 아니할 수 없다. 더불어 위치도 홍보할 겸 사무실 방문 이벤트를 하기로 했다. 매번 느끼지만, 노동조합 운영은 게임 운영과 비슷한 점이 많아서 도움이 많이 된다. 이벤트를 하기로 했으니 어떻게 할지 회의에 들어갔다. 논의의 큰 주제는 '방문하면 상품을 그냥 줄 것이냐? 게임회사답게 랜덤(가챠) 박스를 할 것이냐?'였다.

이런 이야기가 나온 것은 지난 단협안 찬반 투표 때 수요 예측에 실패하며 고양이 피규어 대란을 겪었기 때문이다. 그때 준비한 수량 대비 너무 많은 직원들이 오는 바람에 계획을 수정하여 오프라인 투표에 참여한 전원에게 물품을 배포했다. 100명이 넘는 직원들에게 연락해서 재배포하는 건 정말 고된 일이었다. 하지만 그렇다고 마냥 희망차게 수요를 예측해서 물품을 잔뜩 구매했다가 그만큼 오지 않으면 이건 또 이거대로 재고가 된다. 소중한 조합비를 낭비하는 것이다. 어떻게 하면 좋을까? 꼬꼬마 노조 집행부의 고심은 깊어졌다.

"이러면 어떨까요? '나 저거 갖고 싶어!' 할 만한 상품을 잘 골라서, 오고 싶게 만드는 거예요."(집행부 A)

"어떤 게 있을까요?"(나)

"마카롱 어때요? 점심시간에 스타벅스 마카롱 준다고 하면 다 뛰어올 것 같은데…."(집행부 B)

"마…카롱이요? 에잇 밥 먹고 바로 그 단것을 누가 먹는다고?"(나)

"광균 님 빼고 다…."(모두 다)

결국 20대의 '갬성(?)'을 믿어보기로 의결(결정)해 선착순 150명에게 마카롱을 주는 걸로 결정이 났다. 그리고 그것만 하면 조금 섭섭하니 그동안 모아두었던 무선 이어폰, 양말 등등 물품을 주는 무작위 뽑기 이벤트도 함께 하기로 했다. 그렇다. 우리는 확률의 K-게임회사 직원들이다.

이벤트는 유통기한이 짧은 값비싼 마카롱 아이의 배송 날짜에 맞춰 진행되었다. 여러 차례 문자와 카톡방을 통해, 방문만 해도 무려 '별다방 마카롱'을 드리고 뽑기로 더 큰 경품도 있다고 대대적으로 홍보했다. 또 한 번 사람들이 길게 줄을 서겠지 싶어 마음이 설렜다. 그러나 세상일이 매번 내 마음대로 되는 건 아니었다. 우리는 투표의 홍행 성공, 이어진 축하 파티 성공에 너무 만취되어 있었다. 이때 눈치챘어야 했는데… 끙….

이벤트 당일이 되었다. 결과는 어땠냐고? 성공도 아니고 실패도 아닌 그 중간 언저리쯤의 결과가 나왔다. 결국 우려했던 대로 유통기한 짧은 대량의 마카롱 재고가 생겼다. 나는 "거봐라! 다른 걸 해야 했다"라고 결과론적인 반박을 해보았다. 그러나 집행부 대부분은 "마카롱은 죄가 없다! 우리의 홍보가 부족했던 탓이다"라며 내 탓이요를 시전했고, 나도 수긍했다.

그래도 세상에 무조건 나쁜 일은 없었다. 우리에게 악성 재고였던 마카롱들은 너무나 감동스럽게 사용되었다. 그 당시 1부에서 언급했던 A 지회의 로비 농성이 아직 이어지고 있었다. 우리는 응원도 할 겸 방문하면서 마카롱을 농성장에 쾌척(?)했다. 고생하는 집행부 사람들, 찾아오는 조합원들에게 하나씩 나눠드리라고. 오랜 농성으로 지쳐가던 A 지회 집행부 사람들은 달콤하고 몸값 높은 대량의 마카롱을 자기들을 위해 직!접! 사!서! 가져온 것에 크게 감동했고 요즘도 가끔 그 이야기를 하며 감사하다고 말한다. 그래서 차마 재고였다고 지금까지도 말 못 하고 있다. 하지만 진실은 언제나 세상에 드러나는 법! 이 책을 통해 말하고 싶다.

"그때…재…고였지만 우리의 마음은…진심이었다능!"

대의원?
그건 또 무엇인고?

사무실이라는 아지트도 생겼고 이제 어엿한 노동조합의 모습을 거의 갖춘 것 같다. 그럼 다음 단계로 넘어가 보자. 같이 일할 집행부를 더 모으고 조합원 늘리는 거냐고? 그건 앞으로도 계속해야 할 일이니 아예 틀린 말은 아니다. 하지만 우리의 다음 단계는 조합비를 효과적이고 체계적으로 쓰기 위한 사업 계획과 예산 편성을 하는 것이었다. 절차를 본조에 물어보니 대의원대회를 열어 검토와 승인을 받아야 한다고 안내해 주었다. 대의원? 우린 그런 거 없는데… 어쩌지.

그거보다 갑자기 낯선 단어가 또 나왔다. 시민단체 활동을 하거나 정치에 관심이 많은 사람이 아니라면 난생처음 들어보는 단어일 것이다. 낯설 땐 국어사전을 펴보자.

대의원(代議員)

[명사] 정당이나 단체의 대표로 뽑혀, 회의에 참석하여 토의나 의결 따위를 행하는 사람.

사전적 정의를 보면 이미 노조 집행부가 하는 일처럼 보인다. 그런데 왜 대의원이 필요할까? 잠시 설명하고 넘어가자.

만약 조합원 숫자가 10~20명 정도라면 집행부만으로도 직접 소통이 가능할지 모른다. 하지만 우리 지회만 보더라도 수백 명의 조합원이 있고 직무도 수십 종이다. 이렇게 조합원 숫자가 많으면 한분 한분의 의견을 직접 듣는 것은 매우 어렵고, 행여 열심히 듣더라도 그 분야 종사자가 아니면 좀처럼 이해할 수 없는 내용도 많다. 그래서 노동조합은 일정 숫자의 조합원을 직군이나 부서 기준으로 묶어 지역구를 만들고, 이 조합원들을 대표하고 중간 다리 역할을 하는 사람인 '대의원'을 두고 있다. 대의원은 그 지역구의 조합원 직접 투표를 통해서 선출되고, 선출된 이후에는 각 조합원을 대표해 활동한다. 노동조합의 중대사를 결정하는 다음과 같은 막강한 권한도 갖는다. 마치 우리 지역 국회의원 같다.

• 노동조합 사업 계획과 예산 사용 계획의 승인

- 노동조합 운영 규칙의 제정과 개정 승인
- 그 외 노동조합 운영에 대한 중요사항 승인

 말이 어려운데, 아주아주 쉽게 말하자면 노동조합의 돈줄(조합비)을 틀어쥐고 나 같은 집행부에 '일해라~ 절해라~' 할 수 있는 막강한 자리다. 캬~ 이렇게 말만 들으면 너무 좋은 직책이라 서로 출마할 것 같지만 그건 어디까지나 자리가 잘 잡힌 노조의 이야기이고 우리는 사정이 달랐다. 우리는 이런 대의원의 역할과 필요성부터 차근차근 설명이 필요한 꼬꼬마 노조다. 그래도 다행인 것은 노조 설립할 때부터 틈틈이 대의원의 역할과 필요성을 홍보해 왔다는 점이다. 그런데도 공지사항은 원래 안 읽어보는 법칙에 따라 대의원에 대한 인지도는 여전히 매우 낮았다.

 좋지 않은 조건이었지만 정상적인 노조 운영을 위해서 반드시 대의원이 필요했기 때문에 선거 공고를 내고 후보자 모집에 나섰다. 하지만 지금까지의 경험상 먼저 나서는 사람이 거의 없을 것 같아 집행부는 각자 지인들을 영업(?)하자고 의기투합했다.

 "고생한다. 고맙다"로 시작한 지인들과의 통화는 대의원 출마 이야기가 나오면서 보험 계약을 거절하는 흔한 줄거리와 닮아갔다. "너무 좋은 제안이지만 나보다 더 좋은 사람이 있을 것이다. 그 일을 감당하기에는 내 깜냥이 안 된다"라는 공손한 핑계로 대부분 거절했다. 하지만 포기할 내가 아니다. 지나가다 만나는 사람을 붙잡아 물어보고, 안면이 좀 있다면 전화를 걸어 계속 제안했다. 이 무렵 기분 탓일지 모르겠지만 슬슬 주변 사람들이 내 눈을 피하고 전화도 잘 안 받는 것 같았다. 요즘도 오랜만에 하는 전화에 "또 왜?!"라고 하는 거 보면 기분 탓이 아닐지도 모르겠다. 지인 여러분! 그냥 안부차 전화할 수도 있잖아요. 경계하지 마세요. 해치지 않아요!

이렇게 거듭되는 거절 중에도 종종 관심을 보이는 사람들이 있었다. 그러면 내가 당했고, 그간 착실히 체득한 '서서히 젖어 들어가게 하기 전략'을 펼쳤다.

"분기에 한 번 회의 참석만 하시면 돼요. 그리고 오셔서 뭘 하는 건 아니고 우리한테 '일해라, 절해라'만 하면 돼요. 일은 제가 다 합니다. 어때요, 괜찮죠?"

"그래요? 진짜 회의만 나가면 돼요? 괜찮은데? 회의하는 데 얼마나 걸려요?"

"아 그거! 얼마 안 걸려요. 회의가 길어봐야 얼마나 길겠어요. 아참! 이거 말 안 했군요. 이번 단체교섭 체결 때 활동시간 보장받아서 회의도 업무시간에 합니다."

"오~ 좋네요. 큰 부담 없고 부지회장님 고생하는데 그 정도면 제가 해볼게요."

"감사합니다. 잘 부탁드릴게요."

이렇게 아무 일도 아니라는 듯 가볍게 던지고, 당선되면 본격적인 일 이야기를 하는 것이다. 나중에 "와~! 이 양반이" 하며 원망을 들을 수도 있지만, 우리 모두를 위한 일 아닌가? 대의를 위해선 어쩔 수 없다는 아주 그럴싸한 명분으로 자기 합리화를 강화해 나갔다. 그래서 나중에 원망을 들었냐고? 초반엔 잠시 원망이 있었다. 하지만 이렇게 시작한 사람들 대부분이 연임으로 지금도 자리를 지키며 제 역할을 톡톡히 해주고 있다. 늘 고마운 사람들이다. 그땐 미안했어요~ 용서해 줘요~.

여하튼 집행부가 지인 영업에 연달아 성공하며, 총 11개 지역구 중 9개의 후보자를 찾을 수 있었다. 나머지 2개는 우리가 모르는 사명감과 정의감에 불타오르는 누군가가 나오기를 바랄 수밖에 없었다. 우리는 최선을 다했고 이렇게 또 한 번 게임 노동조합 역사에 최초 대의원 선거라는 한 획을 그어가는 중이었다.

이제 후보자도 거의 찾았으니 대의원들에게 승인받을 사업 계획과 예산안 자료를 만들 차례였다. "아이고 바쁘다 바

빠 현대사회! 일이 끝이 없구면"을 외치며 앞으로 증가가 예상되는 조합원의 숫자를 기준으로 총예산 규모(총조합비)를 뽑고 그동안 사용한 비용을 검토하며 차근차근 사업 계획과 지출 계획을 세워나갔다.

그러는 사이 판교 게임판에 지각 변동을 일으킬 매머드급 사건이 터지고야 말았다. 사실 올 것이 왔다는 표현이 더 맞을 것 같다. 그 사건은 《삼국지》의 세 나라처럼 늘 으르렁대는 회사, 노동자(게임회사 직원), 게이머(소비자)를 한 번에 대동단결하게 만든 대단한 사건이었다. 이름하여 WHO(세계보건기구) 게임 질병화 코드 등록 논란… 뚜둥! 기사는 물론이고 의학계·종교계·게임업계 인사들의 토론과 의견들이 쏟아졌다. 대혼란의 시기에 게임업계 노동자를 대표하겠다고 나선 우리 아닌가. 빠질 수 없었다.

나가자! 이 어처구니없는 일에 반대의 목소리를 높이러!

게임 중독=질병,
거 적당히 좀 하쇼

요즘은 게임산업을 4차 산업의 첨병, 미래 먹거리 산업이라 부르는 긍정적 시선이 많지만, 내가 업계에 첫발을 디뎠던 10여 년 전만 해도 "코 묻은 돈으로 장사하는 곳", "시간 낭비 전자오락이나 만드는 괴짜들"로 불리며 사회적 시선이 그리 곱지 않았다. 그 당시 게임 하나의 수출액이 영화, 케이팝 등 케이컬처(K-Culture) 전체 수출액을 아득히 뛰어넘는 효자 산업이었는데도 말이다. 이해하긴 어려웠지만 그땐 그랬다. 지금의 긍정적 기조는 정말 최근의 일이다.

그렇게 게임산업은 "우리 아이 성적 하락의 주범"이라는 오명을 쓰고 푸대접과 각종 탄압(?)을 받았다. 때로는 게임 셧다운제(오전 0시부터 오전 6시까지 16세 미만 청소년의 수면권 보장을 명분으로 인터넷게임 접속을 제한하는 제도. 2022년 1월 1일

폐지)의 얼굴로, 때로는 4대 중독에서 도박을 빼고 게임을 넣자는 한 정치인의 입법으로, 탄압은 얼굴을 바꿔가며 끊임없이 나타났다. 시쳇말로 샌드백도 이런 샌드백이 없었고, 주먹한 번 못 내지르는 덩치만 큰 순둥이였다.

이런 탄압에도 "우리는 게임을 사랑하고, 열광하는 유저(이용자)가 있으니 괜찮다!"라며 묵묵히 이겨내던 이 개발자 월드에 불행한 소식이 또 날아들었다. 게임을 그저 오래 한다는 이유로 이것을 중독으로 규정하고 이런 증상을 질병으로 분류하겠다는 것이다. 그것도 무려 월드 클래스급 권위를 자랑하는 WHO에서 말이다. "이 무슨 X소리야!"라는 말이 나도 모르게 입 밖으로 튀어나왔다.

'왜 이렇게 흥분해? 기분 나쁘겠지만 그럴 정도야?' 하고 생각할 수 있다. 글자로만 보면 중독은 나쁜 것이고 치료가 필요한 질병이라는 것이 상식이니 말이다. 하지만 이번 사태는 경우가 조금 달랐다. 왜냐하면 우리가 아는 도박, 알코올, 마약 중독의 경우처럼 오랜 기간 연구되어 그 기준이 객관적이고 명확한 것이 아니라, 측정 기준이 너무 허술하고 주관적이었기 때문이다. 가령 이런 것이다.

① 다른 일상생활보다 게임이 중요하다.

② 부정적 결과가 발생해도 게임을 중단하지 못한다.

③ 이런 행위가 12개월 이상 지속된다.

이런 기준이라면 게임의 자리에 다이어트를 넣으면 다이어트 중독이 된다. 열량이 무엇보다 중요하고, 체중계가 배신해도 중단하지 못하며, 평생을 지속하고 있기 때문이다. 이렇게 검증된 기준 없이 자의적으로 기준을 세워 이를 중독으로 규정하고, 질병으로 보겠다는 말은 너무 어이가 없었다. 마약상에 이어 질병 생성자라니…. 서럽다.

이에 게임업계 사람들과 게이머 모두가 분노했고, 이 분노를 모아 여러 단체가 '게임 질병 코드 도입 반대를 위한 공동대책준비위원회(이하 공대위)'를 만들어 대응을 시작했다. 그리고 우리 게임 노동조합도 합류를 요청받았다. 개인적 요청이라면 망설임 없이 참여했겠지만, 노동 문제와는 거리가 있었고 특정 단체에 합류하는 것이기에 집행부 독단으로 결정할 수 없었다. 그래서 참여 여부를 묻기 위해 조합원 전체 투표를 시행했다. 90% 이상의 압도적 찬성으로 우리도 공대위에 합류하게 되었다.

조합원들도 같은 마음임을 확인했으니 게임 매체를 시작으로 각종 언론에 반대의 목소리를 내는 인터뷰를 이어나갔다. 해당 산업의 직접 종사자이자, 신생 노동조합인 우리의 의견을 궁금해하는 언론이 많아 다양한 기사를 낼 수 있었다. 고무적인 일이었다. 물론 그사이 질병 코드 등록을 찬성하는 정계, 의학계, 학부모 단체 등에서도 토론회와 공청회를 통해 자신들의 논리를 공고히 해나갔다.

이렇게 큰 견해차를 보인 만큼 정부 각 부처도 업무 영역에 따라 입장이 첨예하게 달랐다. 게임이나 과학을 장려하는 문화체육관광부나 과학기술정보통신부는 산업 축소와 기술 퇴보를 염려하며 반대했고, 교육부나 보건복지부, 여성가족부에서는 청소년의 수면권 보장, 교육과 건강에 끼치는 악영향을 이유로 찬성했다. 이런 첨예한 상황에서 보건복지부는 '만약 WHO에서 질병 코드로 등록한다면 한국도 질병 코드로 등록하겠다'라는 입장이어서 우리는 더 빠르고 더 크게 반대 목소리를 내야 했다.

그러나 우리의 노력이 무색하게 2019년 5월 25일 WHO는 게임 중독을 질병 코드로 등록했다. 안타까운 결정에 맘이 상했지만, 이어지는 우리나라 질병 코드 등록만은 반드시 막아야 했다. 바로 며칠 뒤 공대위 차원에서 한국 질병 코드 등록에 반대하는 단체와 관련 인사가 모여 토론회를 열었다. 거기에서 이 사안의 문제점, 특히 일부 과몰입하는 사람들의 문제를 전체 게이머로 무리하게 확대하여 해석하는 행태와 검증되지 않은 측정 기준으로 게임을 질병화시켜 취미 생활의 자유를 침해하는 반헌법적 문제를 지적했다. 토론회에 많은 기자가 모였고 우리의 이야기는 다양한 매체를 통해 알려졌다.

그런데 도대체 왜 게임을 못 잡아먹어 안달일까? 여러 가지 이유와 원인이 있겠지만, 내 생각엔 게임을 반대하는 사람들이 게임을 잘 모르기 때문인 것 같다. 사실 요즘 게임이 테트리스에 비해 좀 어렵긴 하니 이해는 간다. 그래도 잘 모르는 산업이나 분야를 반대하고 나서려면 최소한의 공부, 아니 알아보는 노력 정도는 해야 하지 않을까. 너무 과한 욕심인가? 아이고….

역사적으로 신생 놀이 문화가 탄압받는 건 일종의 통과의례였다. 연극이 그랬고, 만화책이 그랬고, TV도 바보상자로 불리던 때가 있었다. 그래서 어느 정도 그러려니 하기도 하지만 게임은 양상이 좀 다른 것 같다. 반대하는 사람들이 잘 알지 못한 채로 오해해서 확대 해석하고, 그 결과 일종의 혐오 같은 정서를 만들어낸 게 아닐까 한다.

일례로 게임회사에 오기 전 예전 회사 사람들을 가끔 만나면 "우리 애가 공부를 안 해, 맨날 게임만 해. 어떻게 하면 못하게 할까?" 하고 나에게 아무렇지 않게 물어본다. 이상한 점이 없다고? 이 질문을 내가 영화사에 다니는 상황으로 바꿔보자. "우리 애가 공부를 안 해, 맨날 영화만 봐. 어떻게 하면 못 보게 할까?" 이제 좀 이상한가? 아마 대상이 영화였다면, 우리 아이는 영화에 관심이 많은 아이가 되었을 거고 좋은 영화를 추천해 달라고 했을지 모른다. 그리고 다 떠나서 내 밥줄을 끊으려고 시도하면서 나에게 좋은 방법을 알려달라는 건 너무 잔인하지 않은가? 하지만 한국 게임회사 직원들은 "안녕하세요?"만큼이나 주변에서 자주 듣는 이야기다. 이런 질문을 받으면 반대로 물어보는 질문이 있다.

① 자녀가 게임만 안 하면 SKY 갈 수 있나요?
② 왜 자녀가 게임에 몰두하는지 진지하게 생각해 본 적 있나요?
③ 게임을 통해서 역사, 지리, 기본 경제원리를 배울 수 있다는 건 아시나요?

이 질문에 제대로 답하는 사람을 아직 못 봤다. ①번은 어물어물하고 ②번이나 ③번에 관해 물어보는 경우가 많다. 하나씩 보자면 ②번은 집집이 상황은 다르겠지만, 요즘 아이들은 학원까지 다녀오고 나면 너무 늦은 시간에 귀가한다. 그게 아니더라도 예전처럼 골목이나 놀이터에 같이 놀 친구가 없다. 그러니 접근성도 높고 친구들과 늦은 시간에도 함께할 수 있는 게임을 찾는 건 지극히 자연스러운 또래문화 현상이다. 만약 자녀가 게임을 하는 게 싫다면 아이를 탓하기 전에 이런 환경을 만든 우리 어른들의 잘못부터 따져봐야 할 것이다.

③번의 경우는 게임을 조금이라도 해본 사람이면 바로 이해할 것이다. 예를 들어 중세 시대 배경의 항해와 교역 시뮬레이션 게임인 〈대항해 시대〉라는 게임이 있다. 이 게임을 하게 되면 일단 당시 시대상을 이해할 수 있고 나라별로 건축 양식이나 특산품이 어떻게 다른지 알게 된다. 그리고 국가별 대표적인 항구도시 이름 등 게임을 잘하기 위해서 세계 지리를 빠삭하게 알게 된다(나 같은 경우 이 게임을 하면서 세계 지도 보는 취미가 생겼다). 그리고 아주 간단한 수준이지만 투자를 통해 도시 발전도를 높여 새로운 특산물을 만들거나, 교역 물량에 따라 물가가 변동되는 것을 활용하여 시세 차익 남기는 방법 등을 배우면서 기초적인 자본주의 원리도 이해하게 된다. 놀랍지 않은가? 이 외에도 타자로 치면 손가락 아플 만큼 더 많은 예가 있다.

이렇듯 게임은 장점이 많다. 마냥 못 하게 할 것이 아니라,

유익한 게임을 찾아보고 이걸 부모와 자녀가 함께 플레이한다면 교육적으로 도움 되고 유대감도 키울 수 있을 것이다. 실제 우리 회사 사람들은 이런 경우가 종종 있다. 여하튼 이 업계의 종사자로서 우리를 바라보는 시선이 점차 좋아지는 것을 느끼고는 있지만 여전히 부정적 시선이 적지 않음에 속이 상한다. 그래도 게이머들이 부모가 되고, 유망 산업으로 주목받고 있으니 지금의 영화처럼 위상이 드높아지길 기원해 본다.

답답한 마음에 이야기가 많이 샌 것 같다. 다시 돌아가 보자. 이렇게 양측 진영이 자기가 옳다며 목소리를 높여가던 그때 또 다른 사건이 터졌다.

게임의 심장 판교에 감히! 현수막엔 현수막이다!

게임업계의 상징적 본진이라 할 수 있는 판교에 핵 공격이 감지되었다. 그 공격은 바로 '게임 중독은 질병'이라는 윤종필 의원의 현수막 게시였다. "와~ 상도덕 없는 본진털이는 못 참지." 끓어오르는 분노로 또 다른 게임회사 노조인 B 지회와 어떻게 대응할지 논의를 시작했다.

여러 궁리 끝에 "클래식(classic)은 영원하다!"를 외치며 함무라비식으로 대응하기로 했다. 눈에는 눈! 이에는 이! 현수막엔 현수막이지! 즉시 현수막 문구를 고민하기 시작했고 금세 여러 아이디어가 나왔다. 키보드로 하는 거라면 뭐든 잘하는 우리답게 문구는 금방 확정 지었지만, 몸으로 하는 거면 뭐든 못하는 우리답게 현수막은 어떻게 만들고 어떻게 걸어야 할지는 몰랐다. 그랬다. 길에 걸린 수많은 현수막을 보며 욕은 해봤지만 정작 내가 현수막을 걸어본 적은 없었다. 어떻게 하는 거지? 고민하다가 경험이 있는 A 지회에 물어보았다.

"(상황 설명) 저… 현수막은 어떻게 만들어요?"

"아~ 우리가 주문하는 곳이 있으니 연락처 드릴게요. 외부 게시용이니까 각목 마감으로 요청하시고 줄도 넉넉히 달라고 하세요. 아~ 그리고 우리 지회에 사다리 있으니까 가져가세요. 필요할 겁니다."

"오! 감사합니다. 여윽시 슨배님~."

역시 물어보길 잘했다. 기억하자. "각목 마감, 줄 넉넉히." 그렇게 현수막을 주문했고, 우리가 원하는 모양으로 잘 나왔다. 노조를 시작하고 첫 현수막 게시인데 대상이 회사가 아닐 줄은 상상도 못 했다. 정말 세상은 요지경이다. 자, 이제 차에 싣고 현수막을 달러 나가볼까?

우리 현수막은 우리의 심장을 저격했던 그 현수막 근처 적

당한 곳에 걸기로 했다. 난생처음 해보는 일이라 꽤 오랜 시간 끙끙거리며 현수막을 걸었고(요즘은 곧잘 한다), 사진을 찍어 언론에 제보했다. 기사들이 쏟아졌고, 기사를 본 조합원과 업계 사람들이 우리의 용기 있는 행동에 많은 격려와 응원을 보냈다. 개인적으로는 노동조합을 만드니 이런 행동을 바로 할 수 있구나 감사하기도 했다.

우리의 이런 간절한 마음과 각계각층의 목소리 덕분인지 보건복지부의 질병 코드 등록 논쟁은 서로 입장만 교환하다 언제 그랬냐는 듯 조용히 묻혔다. 보건복지부가 직접적으로 등록하지 않겠다고 말한 적은 없지만, 다시 이 문제를 공론화하기는 어려울 것으로 예상한다. 이 모든 일은 몇 달간의 촌극으로 끝이 났고, 우리는 우리의 자랑스러운 놀이문화 게임을 악의 구렁텅이에서 구할 수 있었다. 게임업계 노동자를 대변하고 산업 발전을 위해 목소리를 내겠다며 시작한 노동조합 활동이 이렇게 업계에 선향 영향력을 끼칠 수 있어 너무 뿌듯했고 가슴이 벅찼다. 크… 보람차다!

아 그리고 재밌는 이야기를 하나 하자면, 이듬해 코로나 시국이 세계를 덮치자 WHO는 (우디르급) 태세 전환을 해 게임이 방역에 도움이 된다며 적극적으로 권장하는 견해를 내놓기도 했다. 와… 할 말은 많지만 하지 않겠다.

회사 일도 하면서
노동조합 일도 한다고?

읽다 보면 '이슈는 계속 터지고 일도 많아 보이는데 어떻게 자기 일도 하면서 이걸 다하지?' 하는 의문이 생길 것이다. 결론부터 말하면 병행하지 않는다. 그럼 노동조합 일만 하냐고? 그렇다. 노조 일을 업무와 병행할 수도 있을 것이다. 불가능은 아니다. 하지만 그러면 퇴근 후라는 시간적 제약과 함께 바로 과로사 각이다. 1년 내내 겹벌이(투잡) 상태이니 말이다. 그래서 우리나라는 노조법(노동조합 및 노동관계 등에 관한 법률)을 통해 조합원의 규모에 따라 업무시간을 면제해주는 근로시간면제(Time-off) 제도를 두고 있다. 쉽게 말해 일정 규모의 시간을 일하지 않더라도 일한 것으로 인정해 주라는 것이다. 회사일 안 하고 놀아도 월급이 나오면 좋지 않냐고? 여기까지 쭉 읽었다면 그런 말 못 할 텐데…요?

이렇게 법을 통해 활동시간을 보장받는 것은 다행스러운 일이다. 그러나 하루아침에 신기술이 나오고 유행이 광속으로 바뀌는 업계에서 3년(임기가 보통 3년)간 자기 경력을 포기하고 노조 일을 선택하는 것은 쉽지 않다. 왜냐하면 원래 자리로 돌아갔을 때 이미 내가 알던 기술은 옛것이 되어 3년 치 공부를 몰아 해야 하고, 그걸 한다고 다시 잘 적응한다는 보장이 없기 때문이다. 게다가 우리가 첫 번째이기에 앞선 성공사례도 없다. 자리는 남고 사람은 항상 부족하다.

그래서 어려운 결정을 했으니 위대하다 칭송해 달라고? 에이~ 그래주면 좋겠지만 솔직히 그런 말 들을 정도는 아니다. 그냥 잘 알려지지 않은 일이다 보니 최소한 꿀 빠는 것 아니냐고 오해는 안 했으면 하는 바람이다. 그리고 작은 바람이 하나 더 있다면, 나와 같은 IT 노동조합 1세대(?)들이 임기를 마치고 원래의 자리에 안착하는 좋은 선례를 쌓아, 이런 불안감을 느끼지 않고도 노조 활동을 할 수 있는 선순환이 일어났으면 한다. 그래야 노동자의 권리를 지키고 노동조합이 지속 가능한 조직이 될 테니 말이다. 더불어 더 많이 생기면 더 좋고!

비상!
고용안정을 지키자!

이야기가 많이 돌아온 것 같다. 얼른 노조 본연의 일인 대의원 선거로 다시 돌아가 보자. 공대위 활동을 하면서도 대의원 후보자를 찾으며 선거 업무는 진행되고 있었다. 그렇게 후보 등록이 마감되고 본격적인 선거 운동 기간이 찾아왔다. 모두 단독 후보였지만 투표율과 찬성률은 중요했기에 선거 운동이나 홍보가 필요했다. 사원증 사진과 후보 등록 시 제출한 각오 한마디를 넣어 선거 포스터를 만들었고 전체문자로 뿌렸다. 물론 상도덕을 지켜 뿌리기 전에 이렇게 할 거라고 후보자들에게 먼저 통보(?)했다.

투표 준비는 그래도 한 번의 경험이 있어 무난히 진행되었다. 하지만 이번에도 문제는 투표율이었다. 게임 노조에서 치러지는 최초의 대의원 선거였고, 단체협약과는 다르게 관심도가 떨어질 것이 분명했기 때문이다. 이런 어려운 상황을 돌파하려면 그것이 필요했다. 그것은 바로 "귀여운 것은 반드시 흥한다"라는 치트키였다. 우리는 누구나 탐낼 귀여운 고양이 인형을 현장 투표 상품으로 걸었다. 물론 선착순으로 말이다. 지금 봐도 갖고 싶다.

그렇게 투표 날 아침이 되었다. 나름 준비했지만, 투표율은 여전히 걱정이었다. 우리만큼이나 후보자들은 찬성률을 걱정했다. 처음 출마 때 내보였던 만장일치의 자신감이 무색하게 이날만큼은 참으로 겸손했다. 다행히 우리의 걱정은 투표 시작 전에 해결되었다. 왜냐면 투표 20분 전부터 투표소 앞에 100명이 훌쩍 넘는 조합원들이 줄을 서서 기다리고 있었기 때문이다. "와 역시 귀여운 건 무조건"을 외치며 통행에 방해되지 않도록 인파를 정리하러 나갔다.

투표가 시작되었고 줄을 선 사람들이 1시간에 걸쳐 투표를 마치고서야 조금 한산해졌다. 그 이후 업무 때문에 줄을 서지 못한 조합원들이 미친 듯 달려왔으나 상품은 모두 소진된 후였다. 많이 아쉬워하면서도 현장 투표를 한 보람은 있다며 괜찮다고 했다. 그런데 왜 표정과 말이 달랐을까?

이렇게 요란했던 선거는 성공적인 투표율로 마감되었고, 대부분 후보자가 90%가 넘는 찬성률로 당당히 당선되었다.

그리고 당선증은 본인들이 부담스러워할 것 같아 투표 경품의 특대 크기 인형을 대신 증정했다. 나중에 들었는데 그 인형은 주변 동료들의 탐욕을 자극해 강탈의 위험에 계속 놓여 있었다고 한다. 잠깐 자리를 비우면 다른 자리에 가 있는 모양이다.

프로젝트 폭파 후 내 운명은

이제 대의원 선출이라는 산을 넘었으니, 다시 현안에 집중할 시간이다. 현안은 바로 지긋지긋한 게임 프로젝트 폭파(드롭)! '아~ 스트뤠쓰!' 공교롭게 선거철에 맞춰서 프로젝트가 터졌냐고? 그건 아니다.

자, 시곗바늘을 두 달 전으로 돌려보자. 그 시기 모바일게임 프로젝트 하나가 드롭되었다. 이 문제는 업계의 고질적 문제이고 노조 설립의 주요 목표였기 때문에 단체협약에 드롭 후 2개월 이내에 다른 프로젝트로 전환 배치(부서 재배치)하도록 합의한 상태였다. 하지만 협약서의 사인 잉크가 채 마르기 전(체결 약 한 달 후)에 일이 터져버린 것이다. 노사 모두 당황했지만 가장 당황한 사람은 당사자들이었다. 상황 파악을 위해 해당 프로젝트(편의상 A 프로젝트라 하겠다)의 조합원들에게 전화를 돌렸다.

"안녕하세요. 노동조합 신광균입니다."

"어… 안녕하세요? 근데 노조에서 무슨 일로 전화를?"

"프로젝트 폭파 건으로 연락드렸어요. 하… 또 터졌네요."

"그러게요. 갑자기 그렇게 되었네요. 휴가 중이라 직접 못 들은 분도 계시는데 저는 그래도 직접 듣기는 했네요. 쩝…."

이런 전화를 A 프로젝트 조합원 전원에게 돌렸고, 이를 통해 그간의 상황과 문제점을 파악했다. 프로젝트 중단에 대해 아무런 예고도 기준도 협의도 없었다고 했다. 1부에서 말한 것처럼 게임업계에서 프로젝트 중단은 거의 퇴사를 의미한다. 회사가 권고사직하기도 하고 분위기상 실패의 책임(?)을 지고 나가는 문화가 있기 때문이다. 물론 진짜 쉬려고 나가기도 하고, 다른 프로젝트로 자리를 옮기기도 한다. 하지만 그런 경우는 자신의 노력과 실력이 아니라 그때그때 상황과 운이 큰 영향을 미친다. 폭파 후 내 운명은 거의 퇴사(실업)로 귀결되기 때문에 앞날에 대한 불안은 극에 치닫는다. 모든 결정은 위에서 하는데, 실패로 생기는 문제는 왜 매번 아래에서 떠안는지 알다가도 모르겠다.

여하튼 문제를 파악했으니 사측을 만났다. 사측은 정보 공유 부족, 절차 안내 미비, 이후 대책 부실은 단체협상 후 처음이라서 미흡했다고 변명했다. 그리고 2개월 동안 최선을 다 해보겠다고 했다. 미덥지 않았다. 하지만 칼자루는 사측이 쥐고 있기에 도리가 없었다. 2개월간 사측의 노력을 지켜보기로 했다. 그동안 우리는 간담회를 통해 A 프로젝트 구성원들에게 이런 상황과 정규직의 권리, 단체협약에서 보장하는 내용, 그리고 앞으로의 대응 방안을 알렸다. 냉소적인 사람도 있었지만 많은 이가 우리를 믿어주었고, 미가입자들도 가입을 선택해 주었다. "어느 회사를 가도 이 일은 반복될 겁니다. 10년 넘게 일해보신 분들은 더 잘 아시잖아요? 이번에 저희와 함께 다른 선택지를 만들어봅시다!"라는 말이 힘이 되지 않았나 싶다.

자, 그럼 시곗바늘을 원래대로 돌려놓자. 그렇게 두 달이 거의 지나갈 때쯤 다시 사측을 만났다. 안타깝게도 그동안 절반 정도는 퇴사했고, 극히 일부는 기적의 행운으로 치열한 면접을 통과해 다른 프로젝트로 자리를 옮겼다. 이제 회사가 기적이 일어나지 않은 보통의 직원들에 대한 해결책을 내놓을 시간이었다. 그날 회사는 그간의 고생과 노력을 하소연하듯 랩처럼 쏟아냈다. 우리도 예정에 없던 인원, 특히나 폭파 프로젝트 출신에 대해 배타적인 개발 프로젝트의 폐쇄적 문화를 잘 알기에 일부 공감은 되었다. 하지만 현실이 이러하니 어쩔 수 없다고 한다면 아무것도 해결할 수 없다. 더구나 이런 문제를 해결하려 만든 것이 인사 제도이고, 그걸 운영하고 잘되게 하는 것이 인사부서의 역할이기에 우리가 물러설 이유는 없었다. 회사에서는 모두 다 전배하기는 어려움이 있어 공용 리소스 부서를 만드는 것도 검토 중이라고 했다.

리소스 부서란 회사 내 전체 프로젝트에서 공통으로 사용하는 그래픽 리소스, 프로그램 코드 등을 만드는 부서를 말한다. 비슷한 기능을 프로젝트별로 만드는 수고를 줄이고 빠른 개발을 위해 해외에서는 일찍부터 도입된 부서이다. 자동차로 치자면 골격을 미리 만들어두는 것과 비슷하다. 우리도 이런 부서의 필요성은 공감했다. 하지만 국내에서는 여러 회사가 시도했지만 모두 실패했고, 공통으로 필요한 리소스가 파악 안 된 상태에서 2~3주 만에 뚝딱 만들 수 있는 부서가 아니기에 큰 우려를 표했다. 우리의 우려에 회사는 방안 중 하나일 뿐이고 정해진 것은 아니라고 했다. 그래서 이날의 대화도 다시 열심히 해보자로 끝이 났다.

하지만 며칠 후 리소스 부서가 생겼고, 모두 그 부서로 발령이 났다. 회사는 약속한 2개월이 지나 단체협약 이행을 위해 어쩔 수 없었다고 하면서, 리소스 부서 운영 방안을 만들겠다고 했다. 뾰족한 대안이 없었기에 우리도 일단은 받아들였다. 하지만 역시나 문제는 얼마 가지 않아 터졌다.

"우리보고 QA를 하래요. 우리 다 경력이 10년은 되는 그래픽 디자이너인데…."(조합원 A, B, C)

"그게 무슨 말이에요? QA도 전문 직군인데. 게임 개발이 장난도 아니고 갑자기 그게 어떻게 되나요?"(나)

"그래픽적 감각이 뛰어나 잘할 것 같다네요. 그래픽이 중요한 QA래요. 게다가 앞으로도 이런 식으로 일이 주어질 수 있다고 해요. 어떡하죠?"(조합원 A)

"와… 선 넘네. 저희가 사측이랑 이야기해 볼게요. 일단 업무 거부해 주세요."(나)

여기서 QA(Quality Assurance)는 게임이 원래의 의도에 맞게 제작되었는지 확인하고 버그 등의 결함을 점검하는 일을 말한다. 다른 산업에서는 품질보증이라고도 한다. 이건 마치 군대에서 족구 경기할 때 미대생보고 "야! 네가 그림 잘 그리니 족구장 선 좀 그어봐" 하는 수준이었다. 한마디로 말이 안된다. 우리는 정식으로 항의하는 공문(문서)을 보냈고 얼마 지나지 않아 다시 사측을 만났다. 사측은 우리가 오해하는 거라며 난감해했다. 분명 같은 한국말로 하는데 왜 우린 항상 오해만 하는 걸까? 일단 사측의 말을 들어보기로 했다.

우선 회사는 리소스 부서의 역할, 계획, 평가 방법 등을 예전보다 구체적으로 설명했다. 그리고 덧붙여, 아직은 타 프로젝트의 요청이 적어 직무와 연관이 있다면 다른 직무 일도 할 수밖에 없다고 했다. 이 말을 듣고 우리는 프로젝트 드롭에 대한 모든 결정은 오로지 경영진이 판단해서 해놓고, 그로 인해 생기는 피해는 왜 우리 노동자들이 고용불안과 경력 훼손으로 짊어져야 하는지 따졌다. 그리고 이런 식의 업무 부여는 직무를 명시한 근로계약서 위반 소지도 크다고 경고했다.

결국 법적 위험을 의식한 탓인지 이유는 알 수 없지만, 사측이 QA 업무를 강행하지는 않아 어느 정도 정리되었다. 하지만 본질적인 문제는 여전히 남아 있었고 이런 식의 임시방편이 아닌 근본적인 문제 해결이 필요했다. 앞으로도 프로젝트는 계속 드롭될 테니까. 게다가 이 문제를 해결하면 우리만 좋아지는 게 아니다. 게임산업은 언제나 혁신과 도전이 필요하다. 그런데 이 혁신과 도전은 안정이 바탕이 될 때 더 적극적으로 일어난다.

이 문제를 해결해 고용안정성이 높아진다면 개발자는 혁신적인 도전을 할 수 있게 되고, 이는 좋은 게임의 탄생과 높은 수익으로 이어질 것이다. 지금은 회피하고 덮어버리고 싶은 문제지만 장기적으로는 노사 모두에게 좋은 결과를 주기 때문에 반드시 해결해야 할 일이었다.

우리는 이 누이 좋고 매부 좋은 일을 회사가 어떻게 하도록 만들지 고민하기 시작했다. '진짜 단체로 모여서 집회라도 해야 하나? 과연 그게 될까?'라는 생각이 들었지만 프로젝트 폭파 문제는 우리 회사를 넘어 게임업계 전체의 문제이니 충분히 공감대를 형성할 수 있을 것 같았다. 많은 사람이 모여 해결하라 소리친다면, 여론의 눈치를 많이 보는 우리 회사 특성상 생각을 고쳐먹을지도 모를 일이었다. 게다가 우리 업계의 문제를 세상에 알릴 수 있는 좋은 기회이기도 했다. '좋았어! 그래 우리도 집회 한번 해보는 거야!' 시작도 안 했는데 해결이 된 것처럼 기분이 좋아졌다. 그러다 금세 마음이 진정되는 물음이 하나 던져졌다.

"근데 혹시 집회 어떻게 하는지 아시는 분?"

모두 멘붕에 빠졌다.

대의원님!
승인 부탁드립니다

A 프로젝트 소동 중에도 대의원대회 준비는 계속되었다(언제나 일은 한꺼번에 온다. 시무룩…). 해야 할 일은 크게 자료 준비와 대의원대회(이하 '대대') 진행 방법 확인, 두 가지였다. 자료 준비는 그동안의 실적을 보고하고 향후 사업 계획을 승인받는 문서를 작성하는 것이고, 진행 방법 확인은 게임·IT 노조 최초로 하는 대대이기에 어떻게 진행해야 할지 본조에 문의하고 상의하는 것이었다.

우선 자료를 준비하기 위해 회의록과 사진을 정리했다. 치열하게 오간 대화들, 중요한 순간을 담은 사진들을 보며 이유는 알 수 없었지만 왠지 모르게 마음이 울컥했다. 뭔가 대견하고 자랑스러웠다. 하지만 대의원들 눈에도 같은 느낌일까. 한마디로 "우리 이만큼 고생했어요"의 이점은 장담할 수 없었다. 그렇기에 실적과 지출 명세는 명확한 근거와 영수증을 찾아 꼼꼼히 정리하고, 앞으로의 사업 계획은 집행부 회의를 거쳐 근거에 따라 세밀하게 세워나갔다. 그렇게 시간은 훅훅 지나갔다.

대대 날이 되었다. 처음인 만큼 남들처럼(?) 회의 장소에 현수막도 걸고 본조에서 의사봉(일명 땅땅봉)도 빌려와 격식도 갖췄다. 그리고 준비한 자료들을 대의원들 자리에 명패와 함께 세팅했다. 최선을 다해 자료를 정리하고 사업 계획을 세웠지만, 그들 눈에 어떻게 보일지는 알 수 없었다. 혹여나 조합비를 허투루 썼다고 지적받거나, 사업 계획이 부실하다는 말이 나오지 않을까 걱정도 앞섰다. 그래도 어쩌겠는가? 이게 우리의 최선이었다.

이윽고 대대가 시작되었다. 노조 설립 후 첫 대대여서 논의하고 승인받을 안건들이 많았다.

- 앞으로 지출 명세를 심사할 회계 감사 선출
- 설립 후 지금까지 수입/지출 현황과 업무 실적 보고
- 올해 사업 및 지출 계획 승인
- 지회 운영의 원칙을 정한 지회 규칙 제정 승인

게임·IT 노조 최초의 대대를 축하하기 위해 본조 우리 지회가 소속된 수도권 본부 본부장이 방문했다. 집행부는 조끼 입은 민주노총 아저씨(?)가 익숙했지만, 대의원들은 그렇지 못했다. 어떻게 받아들일까 걱정이 앞섰다. 하지만 제과업계 지회장이기도 한 본부장의 과자 선물(박스째 어깨에 짊어 메고 오셨다. 덜덜)과 판교 현지화 패치가 완료된 재치 있는 인사말로 걱정을 와장창 깨주었다. "짬에서 나오는 바이브"란 이런 것이다. 크으….

인사말 후 민중 의례를 시작으로 대대는 본격적으로 진행되었다. 전체 조합원 현황과 가입률, 홍보 활동, 간담회 실적과 예산 사용 명세 등 보고가 이어졌다. 그 과정에서 공금인 조합비의 집행을 지금보다 더 투명하게 공개할 것을 주문받았고, 집행률이 낮은 원인에 대해 질문도 받았다. 아무래도 지금까지는 조합비 사용 명세를 공개한 적이 없었기 때문에 더 꼼꼼히 보고 지적한 것 같았다. 이런 지적에 우리는 지금까지는 사업 계획 없이 진행하다 보니 사용이 부진한 면이 있었지만, 앞으로는 계획에 따라 집행되기 때문에 개선될 것이라고 답변했다. 그리고 투명성 부분은 오늘처럼 대의원들께 상세히 보고하고 회계 감사를 통해 더 높여가겠다고 대답했다(참고로 노동조합은 관련 법에 따라 회계감사를 선출하고,

연 2회 이상 반드시 감사받아야 한다. 집행부 마음대로 쓰면 처벌받는다).

다음은 올해 사업 계획과 예산안 심사 차례였다. 조합원 규모 확대, 임금 교섭 준비, 1주년 행사 개최 같은 주요 사업을 중심으로 세부 내용과 이를 위한 소요 예산을 설명했다. 나름의 근거에 따라 준비했지만, 구체적이지 않거나 비용 산정 근거가 약한 부분은 가감 없이 지적받았고, 내용의 추가 보강 주문으로 이어졌다. 이렇게 꼼꼼히 이어진 예산 심사는 1주년 행사 계획에서 더욱 길어졌다. 처음에는 1주년 행사를 축하 공연도 보고(혹은 하고), 식사도 함께하는 즐거운 자리로 준비하고 있었다. 그러나 A 프로젝트 드롭 후 후속 조치가 아직 마무리되지 않은 상태에서 그럴 수는 없었다. 게다가 이 사건은 우리가 홍보물을 통해 드롭 과정부터 QA 업무 강요까지 상세히 알린 사건이라 대의원들도 우리의 대응을 주목하고 있었다.

"그래서 1주년 행사 때 축하와 함께 '고용안정 촉구 집회'를 여는 건 어떨까 고려하고 있습니다."(나)

"집회…요?!"(대의원 일동)

"아니, 이제 겨우 시작해서 가입률도 낮은데 가능한가요? 안 그래도 노조 이미지 안 좋은데 집회까지 하면… 반감만

커질 겁니다. 꼭 그렇게 해야 하나요?"(대의원 A)

"집행부도 걱정이 크지만, 고용안정은 너무나 중요한 사안입니다. 어려운 환경인 것은 압니다. 하지만 디자이너에게 QA 업무를 강요하고 있어요. 이런 때 목소리를 내지 않는 노조라면 누가 지지해 줄까요? 이번에 물러서면 회사는 또 현실적인 이유로 더 많은 양보를 요구할 겁니다."(나)

"그래, 좋습니다. 그런데 아무리 의미가 좋아도 참여자가 없으면 끝입니다. 어떻게 하실 생각이시죠?"(대의원 B)

대의원들도 대부분 개발자로 살며 여러 차례 드롭을 겪어본 터라 그 억울함에 공감하고 목소리를 내야 한다는 데는 동의했다. 하지만 집회 자체에 대한 반감, 참여율에 대한 우려로 오랜 대화가 이어졌다. 그도 그럴 것이 지금까지 게임업계에서는 노동자가 모여 목소리를 내는 집회가 단 한 번도 없었다. 개별적이고 나서기 꺼리는 개발자가 모여서 집회를 한다는 것은 상상하기 어려웠다. 이들의 우려는 충분한 근거가 있었다. 그러나 반대로 그 어떤 근거도 없었다. 아무도 안 해봤으니까. 막연히 희망 회로만 돌릴 수는 없었지만, 필요한 일이라면 지금까지 그래왔듯 최선을 다해서 하면 된다는 마음을 담아 우리의 계획을 설명했다. 그리고 다행히 비슷한 시기 B 지회도 고용안정 이슈로 집회를 준비하고 있음을 전달했다.

원래 제출한 계획을 현장에서 변경하는 것이기에 찬/반 투표로 이어졌고 결과는 찬성 8, 반대 1로 가결되었다. 이렇게 기념식으로 준비된 1주년 행사는 집회로 성격이 바뀌었다. 하지만 그 기간에 사측과 대화로 해결할 수도 있어서 예산은 유동적으로 사용할 수 있게 일부만 조정했다. 아마 모두 마지막 희망은 남겨두고 싶었나 보다.

그렇게 대대는 노조의 운영 원칙과 절차를 정의하는 '지회 규칙' 제정을 마지막으로 끝을 맺었다. 예정된 시간은 4시간이었으나 치열하게 묻고 답하며 6시간 가까이 진행되었다. 입에 단내가 나게 힘들었지만, 집행부만 고민하던 것을 대의원들과 공감하고 소통할 수 있어서 좋았다. 함께 고민을 나눌 사람이 생겼다는 안도감 아니었을까 싶다. 그리고 무엇보다 이런 제도가 있기에 노동조합이 초심을 잃지 않고 투명하게 운영될 수 있음을 느꼈다.

이제 집회 계획도 예산도 승인받았고, 준비만 착실히 해서 자알~하기만 하면 된다. 그럼 우리의 첫 집회 아니 1주년 행사를 위해 출발~.

첫 집회의
추억

마지막까지 희망을 걸었던 회사와의 대화는 역시나 잘되지 않았다. 이제는 진짜 어쩔 도리가 없다. 그렇게 우리의 집회는 시작되어 버렸다.

"자! 다들 밖으로 나가십시더! …근데 우데로 갑니꺼?"

그랬다. 집회를 언제, 어디에서, 어떻게 해야 하는 건지 우린 몰랐다. 본격적으로 준비하기에 앞서 본조와 경험이 있는 지회에 도움을 요청했다. 매번 느끼지만 이래서 산별노조가 좋은 것 같다. 헤헤.

"(수줍… 그러나 당당) 저… 집회는 뭐부터 준비하면 됩니까?"

"하아… 일단 경찰서에 집회 신고하시고 구호랑 피켓 준비하세요. 무대나 음향은 어떻게 하실 거예요?"

"(이젠 조금 쭈글) 음향…이요? 대여하면 되지 않나요? 인터넷 검색하니 나오던데…."

"무대랑 음향은 우리 쪽에 쓰던 게 있으니 세팅해 드릴게요. 다른 거나 잘 준비하세요."

"우왕… 진짜 그래도 돼요? 너무 감사합니다."

이렇게 여러 가지를 질문하며 큰 틀을 잡아갔다. 수준 낮은 어이없는 질문과 도움 요청을 잘 받아준 A 지회에 지면을 빌어 감사의 마음을 다시 전한다. 음향, 무대 같은 큰 문제가 해결되니 이제 남은 건 프로그램과 부대장치 준비였다. 이 부분에서 크게 고민되었다. 기존의 집회 순서를 따라가자면 1년 정도 눈동냥한 게 있어 어렵지 않았다. 하지만 매번 집회에서 느꼈던 '엄근진'과 가까이 가기 부담스러운 비주얼의 집회장은 싫었다.

이런 집회 방식이 무조건 틀렸다고 말하는 게 아니다. 집회 목적과 분위기가 여럿일 텐데 한 가지 포맷만 고수하는 게 아쉽다는 말이다. 그리고 무엇보다 나는 뭐든 재미가 있어야 한다는 주의다. 집회의 목적이 내부 결속을 다지는 특별한 경우라면 모를까 그게 아니라면 우리의 문제를 크게 떠들고 공감을 얻어야 한다 생각한다. 그러자면 내용을 하나도 모르는 사람들이 쉽게 이해할 수 있게 그들의 언어로 설명해 줘야 한다. 그래야 마음을 움직일 수 있다. 쉽지 않다는 것은 알지만 계속 변화를 시도해야 한다. 어렵다고 시도조차 하지 않는 것은 문제다. 시대가 변하면 뭐든 변해야 한다.

여하튼 이런 마음으로 준비를 시작했다. 큰 변화를 주고 싶었지만, 역량이나 예산이 턱없이 부족했다. 그래서 진지한 글에 중간중간 개그짤을 넣듯 소품들로 밝은 분위기를 만들고 공연과 참여형 이벤트도 함께 준비했다. 전반부는 1주년 축하 느낌으로 신나게, 후반부는 고용안정을 촉구하며 목소리를 낼 수 있는 자리를 마련했다.

그러는 사이 B 지회의 집회가 열렸다. 게임업계 최초의 집회에 수백 명이 모였다. B 지회가 성공해야 우리도 성공할 수 있기에 최대한 많은 사람들과 함께 깃발을 높이 들고 참여했다. 관심은 뜨거웠고 개발자도 모여서 소리를 낼 수 있음을 확인했다. 그리고 우리의 집회 개최 소식도 언론을 탔다. 무집회 청정 판교 밸리에 연이은 집회 소식은 세간의 관심을 끌었다. 관심은 좋았으나 부담은 더 커졌다. 아… 쫄린다.

우리는 서로의 울타리가 되자

이윽고 우리 집회 날이 되었다. 오전부터 전체 집행부가 집회장을 세팅하기 시작했다. 축하하는 자리이므로 레드카펫을

깔고 풍선 아치를 세웠다. 풍선 아치가 만만해 보여서 수동으로 했는데… 바로 후회했다. "다음부터는 돈을 씁시다!" 하고 만장일치를 끌어냈다. 그래도 해놓고 나니 뿌듯하기는 했다.

풍선 아치를 세우는 사이 무대와 음향 설치가 끝났다. 그다음으로는 참가자들이 질서정연하게 앉을 수 있게 자리 깔개와 1주년 기념품을 배치했다. 모든 준비가 끝나자 그동안의 고민과 걱정들이 다시 한 번 스쳐 지나갔다. 비록 B 지회의 성공사례가 있었지만, 그곳은 드롭 대상자 규모도 컸고 처음이라는 신선한 맛(?)이 있었다. 그러나 우리 같은 경우 부당함에 공감은 하지만 당장 내 일은 아니었고, 두 번째라 약발도 덜했다. 치열한 고민 끝에 내린 결정이었고 우리는 최선을 다했다. 우리 조합원들과 직원들을 믿고 기다리는 것 외에 다른 방법은 없었다.

음향 테스트도 할 겸 도입부 음악으로 우리 회사 게임들의 대기열 음악을 틀었다. "끼룩끼룩" 갈매기 소리가 집회장에 퍼져나가자 지나가는 사람들이 웃음을 터트리며 쳐다보기도 했다. 시작 시각이 다 되어가자 함께 준비한 다른 지회 사람들이 앞줄을 채워주었다. 그다음으로 우리의 참여에 보답하듯 B 지회의 대군(?)이 깃발과 함께 등장해 그 뒤를 채워주었다. 솔직히 인류애로 잠시 벅차 눈물도 아주 쪼끔 흘렸다.

사회자인 나는 울컥하는 마음을 추스르고 "우리는 서로의 울타리가 되자"라는 구호가 걸린 현수막 앞 무대에 올라 집회의 시작을 알렸다. 살다 보니 집회에서 사회 보는 날이 오는구나 싶었다.

첫 순서는 1년간 우리가 함께 만들어낸 성과를 자축하는 순서였다. 설립부터 현재까지 있었던 일들이 나열되었다. 첫 홍보물을 돌리며 불안했던 마음부터 첫 단체협상의 쾌거, A 프로젝트 드롭 후 느꼈던 고민까지 많은 생각이 스쳐 지나갔다.

성과 보고가 있고 나서 축하 무대가 이어졌다. 저예산 프로젝트답게 가족 찬스(?)를 써서 뮤지컬 배우인 처제와 그의 동료가 무대에 올랐다. 열악한 음향 환경에서도 프로답게 우리의 1년을 기념하는 "Happy birthday to 노조(you)"로 분위기를 청량하게 만들어주었다. 그리고 분위기 반전을 위한 다음 곡은 〈지금 이 순간〉이었다. 묵직한 저음과 상큼한 고음으로 무대를 찢어놓았다. 그리고 노래 가사처럼 "남은 건 이제 승리뿐"일 것 같은 자아 도취에 빠졌다.

공연이 끝난 후 분위기를 바꿔 고용안정을 촉구하는 순서가 되었다. 첫 순서는 B 지회 지회장의 발언으로 시작되었다. 누구보다 이 문제의 중심에 있는 또 다른 사람이었다. "우리의 문제는 업계의 구조적 문제이기에 우리가 함께 해결해 나가야 한다. 우리는 서로의 울타리가 되어주자"라는 그의 말은 사람들의 마음을 움직이기에 충분했다.

발언이 끝나고 처음으로 구호를 외쳐보는 시간을 가졌다. 집회도 처음이고 이런 구호도 처음인 사람들이 대부분이라 걱정되긴 했지만, 클래식이 필요한 순간이었다. 그래도 걱정은 걱정이라 연습은 한 번 하고 진행했다. 역시나 어설펐지만 조금씩 익숙해지며 하나의 목소리가 되었다. 후훗.

언제까지 드롭하고 권고사직 남발할래

업계특성 핑계말고 인사제도 개편하라

실패속에 성공있고 안정속에 혁신있다

천억게임 원한다면 고용안정 보장하라

모두가 말하고 싶지만, 목구멍에만 걸려 있던 말들이었다. 드디어 오늘 수백 명이 회사 앞에 모여 그 말을 크게 외친 것이다. 이런 날이 오다니 와우~. 특히 사회자인 나는 무대에서 이 광경을 보다가 흥분이 도를 넘었나 보다. 집회에 참석했던 나의 지인 피셜 "개오바했다"는 이야기를 들었다. 내가 생각해도 내 목소리가 크긴 했다. 이렇게 나만의 감동일지 모를 시간이 지나고 우리 지회장의 향후 계획 발표 순서가 되었다.

계획의 큰 요지는 다음과 같았다.

- 고용안정을 위해 최선을 다하겠다.
- 프로젝트가 접힌다고 왜 정규직인 우리의 고용도 접히냐. 이런 나쁜 관행을 바로잡아 나가겠다.
- 회사가 근로계약서에 명시된 고용 형태와 전문 업무의 내용을 준수하게 하겠다.
- 회사와 소통이 너무 안 된다. 소통 창구를 더 확대해 나가겠다.

하나하나 상식적이고 맞는 말이었다. 딱 근로기준법대로 하자는 말이었다. 모두가 공감하며 크게 환호성으로 대답해 주었다. 그리고 지회장의 클래식에 적절한 판교화된 말로 마무리되었다.

"보통 집회에서는 단결, 투쟁으로 인사를 합니다. 단결은 '자주 봅시다', 투쟁은 '좋아요'의 뜻이 담겨 있습니다. 제가 '여러분, 자주 봅시다'라고 외치면 여러분들은 '좋아요'로 화답해 주십시오. 여러분, 자주 봅시다!"

"좋아요!"

모든 발언이 끝나고 대망의 마지막 순서는 함께하는 시간, 소통의 박 터트리기였다. 어릴 적 운동회에서 해봤던 협동전이었고 꽉 막힌 소통의 방해물을 터트리자는 의미였다. 하지만 부여한 의미와 이를 터트리자는 우리의 의지에 비해 체력은 좀 부족했다. 초등학교 때와 달리 박이 잘 안 터진 것이다. 결국 아쉽게도 준비된 줄을 당겨 강제로(?) 박을 터트렸다. 판교 직장인의 운동 부족이 여실히 드러난 순간이었다.

이 박 터트리기를 끝으로 집회의 모든 순서는 끝이 났다. 기자들이 몰려들어 지회장에게 많은 질문을 했고 후속으로 추가 인터뷰도 이어갔다. 인터뷰에서 그는 우리의 문제점을 조금 더 상세히 밝혔고, 문제가 해결되지 않으면 2차, 3차, n차로 집회를 이어갈 것임을 선언했다. 또한 문제를 더 널리 알리기 위해 올해 국정감사 참고인 요청에도 응할 생각이라고 밝혔다. 이렇게 우리의 집회 소식은 게임 매체와 언론을 통해 기사화되었다. 그동안 알려지지 않았던 이 문제는 최첨단 산업의 빛과 그림자라는 이름으로 사회적인 문제로 떠올랐고 비판의 목소리가 이어졌다. 업계에서는 너무 당연해서 문제라 생각하지 못한 일들이 다른 보통 사람들 눈에는 이상했던 모양이다.

요란스러운 집회가 끝난 뒤 얼마 지나지 않아 사측을 만났다. 회사는 리소스 지원 조직 인원에게 직무에 맞는 전문적인 일을 부여할 것을 약속하며, 이를 진행해 줄 적합한 책임자를 찾고 있다고 했다. 그리고 최선을 다하겠지만 현실적인 어려움이 있다면 당사자의 동의를 얻어 타 직무로의 전환교육을 하겠다는 약속도 했다. 마지막으로, 이제 제발 부탁인데 더 시끄럽게 안 했으면 좋겠다는 호소도 했다.

결국 100점은 아니지만, 당사자와 회사가 받아들일 수 있는 수준의 결론에 도달했다. 이렇게 시끄럽게 하지 않고 해결할 수 있었다면 얼마나 좋았을까. 하지만 세상만사가 그렇게 해결되면 법은 왜 있고 법원은 왜 존재하겠는가. 때로는 내 권리를 위해 목소리를 내는 것도 중요하다. 물론 나는 언제나 말로 해결하는 것이 옳다고 생각하는 사람이다. 아닌 거 같다고 생각하면 전적으로 오해이다.

여하튼 이렇게 우리 노조의 1살 생일은 의도치 않게 큰 축하와 관심을 받으며 성대히 끝이 났다. 다음은 또 어떤 일이 기다리고 있을까?

노동조합은 무조건 조합원 편든다?

앞서 이야기가 시간의 흐름을 따라왔다면 이번 편은 쉬어가는 코너처럼 잠시 샛길로 빠져보려 한다. 바로 조합원들 이야기다. 정확히는 조합원을 상담하고 문제를 해결해 나간 이야기를 해보려고 한다. 이것이 억울하오! 저것이 억울하오! 하소연하는 조합원들 도와준 이야기 아니냐고? 천만의 말씀이다. 인간사 복잡하듯 이 일도 유형별로 복잡다단하다.

크게 심적 난이도를 기준으로 네 가지 레벨로 나눠볼 수 있다. 물론 자세히 살펴보면 사건에 따라 난이도가 달라질 수 있지만 일반적으로 이렇다. 다행히 '최상' 레벨은 아직 겪어보지 못했다. 하지만 건너 건너 들은 내용을 보면 〈사랑과 전쟁〉 뺨따귀를 후려갈길 일들도 있는 것 같다.

심적 난이도	유형
하	피해자가 조합원
중	가해자가 조합원
상	조합원 vs 조합원
최상	조합원이 거짓말한 경우(무고)

| 심적 난이도에 따른 조합원 상담 유형 |

난이도 하 : 피해자가 조합원

상담하는 대부분은 여기에 해당한다. 그래서인지 내용도 다이내믹하다. 업무 실적이 좋아도 육아 휴직을 다녀왔다는 이유로 최하위 평가를 받은 일도 있고, 야근 안 한다고 괴롭힘 당한 일도 있다. 이런 피해 사례를 상담하다 보면 내가 21세기 판교에 있는 게 맞는지 의심도 든다. 게다가 부서장이 부서원 대부분을 괴롭히는 1:N 괴롭힘도 심심찮게 일어난다.

여하튼 나열하자면 3박 4일이 부족할 정도로 참신한 이야기가 많지만 이런 경우는 우리 조합원이 피해를 본 경우라 진행하면서 마음은 상대적으로 편하다. 왜냐하면 우리가 피해자이기에 가해자를 처벌받게 하거나 피해당한 부분을 정정하기만 하면 되기 때문이다. 게다가 모든 일이 잘 마무리되면 도와주셔서 감사하다는 인사도 받을 수 있어 보람도 있다.

그래서 이 경우 몸은 좀 고돼도 심적 난이도는 낮은 편이다. 자, 그럼 이제 난이도를 조금 올려보자.

난이도 중 : 가해자가 조합원

수백 명의 조합원 모두가 완벽한 사람일 수 없기에 가끔은 문제의 당사자가 되기도 한다. 이 경우 마음이 조금 무겁다. 처음 이 문제가 발생한 것은 야근 수당 부당 수급이었다. 포괄임금제가 폐지되어 각종 수당이 생기니 이런 부작용도 함께 따라왔다.

간략히 말하면 퇴근시간을 기록할 때 실제 퇴근시간보다 조금 늦게 기록하여 업무시간을 늘린 것이다. 처음엔 '아니 바빠 죽겠는데 가끔 까먹고 그럴 수도 있지!'라고 생각했지만, 기록을 보니 상당히 오랜 기간 의도적으로 한 것이 분명했다. 아마도 처음으로 야근 수당을 받아보니 예상보다 액수가 컸고 시스템의 허점도 보이니 설마 들킬까 하는 마음에 저지른 잘못 같았다. 처음으로 겪는 이 문제에 어떻게 대응해야 할지 집행부 모두 고민이 많았다. 변명의 여지가 없는 명백한 잘못이지만 조합원의 문제에 노조가 손 놓고 있을 수는 없었다. 하지만 도움을 줄 수 있는 것도 솔직히 없었다.

본조와 선배들에게 조언을 구했다. 이런 경우 우선 본인이 잘못을 뉘우치게 잘 설득하고, 조사나 징계 과정에서 방어권 같은 권리 침해가 없도록 잘 지원해 주라고 했다. 그리고 잘못한 만큼만 징계 수위가 나오는지도 확인하라고 했다. 소위 괘씸죄가 없도록 하라는 것이었다. 고민이 깊었는데 이런 조언을 들으니 명료해졌다. 그리고 앞으로 이와 같은 문제가 발생했을 때 어떻게 대응해야 하는지 지침이 되었다. 우리는 조언에 따라 진행했고 조합원도 잘못을 크게 뉘우치고 부당하게 받은 돈을 내놓겠다고 해서 다행히 징계 수위는 예상보다 낮게 나왔다.

이 사건을 겪으며 그저 조합원 편이 되어주면 된다고 생각했던 내가 얼마나 단순했는지 깊이 깨달았다. 만약 이 조합원이 자신은 무조건 억울하고 회사가 시스템을 잘못 만든 탓에 자신이 유혹에 빠졌다고 억지를 부렸다면 어땠을까? 이 억지 주장을 조합원이라는 이유로 편을 들어야 했을까? 이 질문에 내 답은 명확하다. 노! 노동조합이 조합원의 권리와 이익을 대변하는 단체라 할지라도 한 명의 조합원을 위해 부도덕한 일을 할 수는 없다. 그것은 성실히 규칙을 지키는 나머지 조합원들의 이익에 반하기 때문이다. 누군가는 그래도 조합원을 지키고 봐야 하지 않겠냐고 할 수 있겠지만 나와 우리의 선택은 여전히 '아니오'이다.

조합원 vs 조합원

이 경우가 진짜로 상상만으로도 가슴이 답답해지는 상황이다. 물론 이 경우도 1:1인 경우는 대화로 오해를 풀어 해결하기도 한다. 하지만 1:N인 경우는 정말 난감하다. 가해자도 조합원, 피해자도 조합원, 이럴 때는 참 어렵다.

우선 누구 말이 진실인지부터 확인한다. 피해자가 조합원이면 그 말을 신뢰하면 되지만 이 경우는 양쪽이 자기 처지에서 유리하게 이야기하니 이쪽 말이 맞는 것 같기도, 저쪽 말이 맞는 것 같기도 하다. 이럴 때는 최대한 객관적으로 중립 기어를 박고 면밀하게 들어본다. 신중히 듣다 보면 일관된 주장이 들리고 객관적 증거를 제시하는 쪽이 보인다. 그렇게 가해자와 피해자가 가려지면 그 내용을 회사에 넘겨 조사와 징계를 요청한다.

이후부터는 조합원이 피해자인 경우와 조합원이 가해자인 경우가 함께 진행된다. 한 개의 사건이 두 개의 사건이 되고 힘은 그 몇 배로 든다. 그렇게 회사의 결정이 내려지고 나면 노동조합 자체의 징계 과정도 뒤따른다. 조합원이 조합원을 괴롭힌 것이기 때문이다. 보통 이런 징계 절차를 안내하면 자진 탈퇴하는 경우가 많다. 당연히 그 과정은 매끄럽지 않다. 노조도 자신을 보호해 주지 않는다는 원망의 소리를 듣게 된다. 나름의 사정과 억울함은 있겠지만 잘못은 잘못이기에 조합원을 잃게 되더라도 무관용의 원칙을 지키고 있다. 말이 참 쉽지, 그 과정은 썩 편하지 않다. 그래서 제발 이런 일이 안 생겼으면 하는 마음으로 교육에 더욱 매진한다.

이렇게 조합원들의 이야기는 무척 다사다난하다. 여기에 서 다룬 사례는 빙산의 일각이다. 그래서 어려운 상담을 하다 보면 '차라리 회사 상대로 교섭하고 말지'라는 생각도 든다. 그러나 교섭만큼이나 조합원들에게는 중요한 일이기에 어쩔 도리 없다. 제발 조합원끼리는 싸우지 말아달라 기도할 뿐. 그런데 기도발이 잘 안 먹히는 것 같다. 휴….

자! 그럼 인간사 이야기는 이쯤에서 정리하고, 말도 많고 탈도 많았던 우리의 첫 번째 임금 교섭 이야기로 넘어가 보자.

돈 얘기 하는 김에 해보는
최저임금 이야기

최저임금과 시급(9,620원/2023년 기준)이 무엇인지 모르는 사람은 없을 것 같다. 하지만 이게 왜 있는지 어떻게 정해지는지 아는 사람은 많지 않다. 사실 나도 그전에는 잘 몰랐다.

[헌법 제32조]

① 모든 국민은 근로의 권리를 가진다. 국가는 사회적·경제적 방법으로 근로자의 고용의 증진과 적정 임금의 보장에 노력하여야 하며, 법률이 정하는 바에 의하여 최저임금제를 시행하여야 한다.

우선 최저임금은 헌법과 최저임금법에 따라 존재하는 하나의 제도이다. 노동자를 대표하는 노동자위원, 사용자(회사)를 대표하는 사용자위원, 공익을 대표하는 공익위원 각 9명씩 총 27명으로 구성된 '최저임금위원회'에서 매년 결정(의결)하고 고용노동부가 발표(고시)한다.

노동자와 사용자, 즉 회사와 직원이 알아서 능력이나 상황에 따라 월급을 정하면 될 텐데 왜 이런 제도가 존재하는 것일까? 아주 다양한 이유와 역사적 배경이 있겠지만 내 생각에는 월급(임금)을 정할 때 힘이 더 센 사용자에게 "야, 이 선은 넘지 마"라고 설정해서 노동자를 지켜주는 최소한의 안전장치 아닐까 싶다. 그리고 이런 안전장치가 필요하다고 모두가 공감한 것은 과거로부터의 교훈일 것이다. 모든 것을 개인 간 자유에 맡겨놓은 자본주의 초기의 결과가 결국 아동 노동, 저임금으로 인한 경제 위기 등 심각한 부작용으로 이어졌으니 말이다.

물론 개인의 영역에 국가가 개입해 산업을 위축시키고 소상공인이나 벤처기업 같은 작은 회사의 경영을 어렵게 한다는 측면에서 반대가 많은 것도 사실이다. 인간이 만든 제도이니 당연히 완벽할 수 없고 부작용이 따른다. 그러나 제도에 대한 반대보다는 서로의 입장을 잘 조율하고 속도나 방향을 적절히 설정하는 것이 훨씬 더 중요하다. 각자의 입장 차가 커 매우 어려운 일이겠지만 내년에는 서로 이득이 되는 최저임금 논의가 있길 기원해 본다.

월급을
올리자!

대의원도 선출하고, 게임업계도 대변하고, 집회도 하며 바쁘게 1년을 보냈더니 결국 또 그것이 와버렸다. 바로 시즌 of 교섭! 이번엔 임금 교섭이다. 쉽게 말해 올해 전 직원의 연봉을 얼마나 올릴지 회사와 협상하는 것이다. 대부분의 노조는 제도와 복지를 다루는 단체교섭은 2년에 한 번(2021년 1월 개정된 노조법에 따라 단체협약의 효력이 최대 3년이 되면서 이젠 3년에 한 번이 될지도 모르겠다), 월급을 올리는 임금 교섭은 매년 한다. 즉, 나는 매년 교섭하고 있다.

첫 임금 교섭을 맞아 우리는 어디서부터 어떻게 시작해야 할지부터 헤매고 있었다. 왜냐하면 지난번처럼 요구사항이 분명하지 않았기 때문이다. 물론 최대한 많이 올린다는 목표는 있었다. 하지만 어느 정도가 많은지 몰랐고, 설사 안다고 하더라도 어떻게 해야 그만큼 올릴 수 있는지 몰랐다. 왜 몰랐냐고? 거기에는 나름의 이유가 있다.

우리 회사는 개인의 성과에 따라 연봉이 책정되는 성과연봉제를 채택하고 있다. 그래서 지난해 업무 평가에 따라 사람마다 연봉 인상률이 모두 다르다. 물론 각 평가 등급별 기준은 있겠지만 그건 철저히 회사만 아는 비밀이다. 게다가 개인 연봉 정보는 근로 계약에 따른 비밀 정보다(법적으로 효력이 있냐 없냐는 일단 넘어가자). 그 결과 우리는 평균 연봉도 지난해 평균 인상률도 몰랐다. 그러니 얼마나 올려야 잘 올린 건지 당연히 알 수 없었다. 아쉬운 대로 집행부들의 경험에 비추어 유추해 보려 했으나 직군, 경력, 그해 회사 매출에 따라 사례별로 달라서 일반화할 순 없었다. 하아… 어떻게 해야 하지? 결국 사정이 비슷한 게임·IT 노조 집행부가 본조로 모였다.

"이야기를 들어보니 사정이 다 비슷한 거 같군요. 근데 여기 사람들끼리 말해봐야 소용없을 거 같으니 비슷한 사례를 한번 살펴봅시다. D 지회장님! 그쪽은 어떻게 하는지 설명 한번 해주시죠."(본조A)

"네, 완전히 같지는 않은데요. 우리도 성과연봉제라서 일단 말씀드릴게요. 일단 회사 매출을…."(D 지회장)

이야기를 정리해 보면 이렇다. 일단 회사 매출을 확인한 후

동종업계의 매출이나 연봉 수준을 비교한다. 그리고 이 수치를 기준으로 지난해 인상률을 고려하여 기본 인상률을 정한다. 그다음은 사전에 정의한 목표 달성률과 평가 등급에 따라 차등적으로 인상률을 정한다. 이 말을 들으니 아무것도 안 보이다가 어렴풋이 실루엣은 보이는 것 같았다. 하지만 D 지회의 경우, 오랜 시간 자료를 축적하고 여러 차례 교섭을 통해 평가와 인상률 제도가 자리를 잡은 곳이다. 그에 반해 우리는 구글링으로 찾은 지난해 매출이 자료 전부였다. 윤곽은 잡혔지만 여전히 오리무중이었다. 그래서 다음번에 만날 때는 각자 회사의 평가 제도와 인상률을 정하는 방식을 조사하여 만나기로 했다.

그렇게 한 달의 시간이 지나 그동안 조사한 회사의 평가 제도와 인상 제도를 공유했다. 여러 회사의 제도를 펼쳐놓고 보니 몇 가지 공통점을 찾을 수 있었다. 그것은 연봉 협상하는 직책자(또는 인사담당자)가 재량에 따라 연봉을 더 높여줄 수 있는 소위 '재량분'의 존재였다. 그리고 업무 특성상 모든 요소를 정량적으로 할 수 없다는 건 이해됐지만 평가 기준이 1+1=2처럼 명쾌하지 않고 평가자의 정성적 요소가 더 많은 영향을 준다는 것이었다. 결국 연봉을 결정하는 평가 기준은 불명확했고, 그나마도 재량분에 의해 평가 등급과 무관하게 인상률이 정해질 수 있는 상황이었다. 아이고 혼탁하다. 혼탁해···.

여러 지회가 모여 고민해 봐도 약간의 인사이트는 얻었지만 결론은 없었다. 고민이 다시 깊어졌다. 우선은 상황 파악을 위해 사측에 지난해 매출과 인상률 등 구체적인 정보를 요청했다. 그러나 사측은 영업 비밀이라서 말해줄 수 없고 꼭 필요하다면 교섭 자리에서 말해주겠다고 했다. 그 말에 우리는 그럼 인상 요구안을 어떻게 만드냐며 강하게 맞섰다. 이런 소모적 티키타카를 계속 주고받다가 결국엔 사측도 우리의 말이 타당했는지 담당 부서의 협조를 얻어주겠다고 했다. 하지만 처음 있는 일이라 시간이 좀 걸릴 수 있다는 말을 덧붙였다.

그렇게 자료를 주겠다는 약속은 받았지만, 그날이 언제가 될지는 아무도 몰랐다. 마냥 기다릴 수는 없어 집행부 논의 끝에 조합원들에게 필요한 정보를 직접 묻기로 했다. 쉽게 말해 연봉 인상 실태를 조사하기로 한 것이다. 조사 항목은 지난해 연봉 인상 관련 항목, 희망하는 인상률, 그리고 평가 제도 개선을 위한 의견으로 구성하여 세부적인 내용을 만들어 갔다. 실태조사에 평가 제도 항목이 들어간 이유는 우리에겐 교섭을 통해 인상률이라는 파이(pie)를 키우는 것도 중요하지만 파이를 나누는 기준인 평가 방식의 개선도 매우 중요했기 때문이다.

평가 제도 개선, 화끈한 인상률

조사 항목과 목표가 확정되자 조사 준비는 빠르게 끝났다. 바로 조사를 시작하려다 모두가 처음 참여하는 조사인데 아무런 사전 정보 없이 정확한 조사를 할 수 있을지 의문이 생겼다. 그래서 회사의 매출이나 평균 연봉 등 판단의 기준이 될 정보도 제공하고, 각 조사 항목의 의미를 설명하는 '임금 교섭 사전 설명회'를 열기로 했다.

직장인의 지상 최대 관심사인 만큼 설명회의 참석률은 높았고, 그 이후 진행된 실태조사 참여율도 뜨거웠다. 그렇게 지난해 평균 인상률과 각 평가 등급의 인상률 등 다양한 정보가 쌓여갔다. 정보가 쌓여가는 것은 좋은 일이었지만 그와 함께 걱정거리도 쌓여갔다. 그것은 우리의 예상을 훨씬 뛰어넘는 희망 인상률이었다.

노조의 첫 임금 교섭에 대한 기대감 때문인지, 게임산업이 타 산업 대비 높은 이익을 낸다는 우리의 설명 때문인지는 잘 모르겠다. 조사가 끝나고 통계를 내보니 요구하는 인상률이 상당히 높았다. 심지어 중간 평가 등급을 기준으로 한 조사라 평균 인상률로 환산하면 그 수치는 더 올라갔다. 더불어 그해는 처음으로 생긴 각종 야근 수당으로 회사가 상당히 방어적인 입장이라서 어떻게 해야 할지 고민은 깊어졌다. 다시 길고 긴 집행부 회의가 이어졌다.

"아니 회사가 돈도 잘 버는데 이 정도를 못 해주나요?"(집행부 A)

"맞습니다! 우리 회사가 돈이 없는 것도 아니고 조합원들도 이렇게 원하는데! 그럼 우리가 만들어내야죠!"(집행부 B)

"아니 그건 맞는데 이 정도 인상률은 진짜 어려울 거 같아서 그래요."(나)

"어머! 부지회장님! 왜 이렇게 약해지셨어요!? 변했네, 변했어! 우리 할 수 있습니다. 영차영차 해봅시다!"(집행부 C)

결국 오랜 회의 끝에 조합원의 열망을 외면할 수 없다는 결론을 내렸다. 물론 나 역시 같은 생각이었다. 그러나 우리는 이 교섭의 결과를 책임져야 하는 사람들이었다. 좋은 결과가 나오면 좋겠지만 그러지 못하면 높아진 기대만큼 실망도 클 것이다. 그리고 그 실망은 비난이라는 화살로 돌아올 것이다. 그나마 비난으로 끝나면 다행이다. 최악의 경우 잠정 합의사항이 조합원 투표에서 부결 날 위험도 있었다. 앞으로 벌어질 상황에 걱정이 앞섰지만, 결과는 누구도 예측할 수 없었

고 우리는 이미 결정을 내린 후였다. 그렇게 우리의 요구안은 평가 제도 개선, 화끈한 인상률로 결정되었다.

완성된 요구안은 임시 대의원대회를 통해 대의원들에게 보고되었고 역시나 화끈한 인상률에 크게 우려했다. 하지만 우려만큼이나 희망 회로도 빠르게 돌아갔다. 힘들겠지만 여태까지처럼 자알~해보자는 결론에 금세 도달했다. 그렇게 교섭 준비의 모든 절차가 마무리되었고 요구안과 함께 교섭을 회사에 정식으로 요청했다. 아 이젠 진짜 모르겠다. 못 먹어도 고!

시간은 후다닥 흘러 첫 교섭 날이 되었다. 첫날인 만큼 그날은 우리가 전달한 요구안의 취지와 세부 내용에 대해 회사측이 궁금한 것을 묻고 우리가 답하는 시간을 가졌다. 각종 수당 신설로 늘어난 인건비에 대한 고려는 없었느냐는 질문을 시작으로 평가 제도, 화끈한 인상률에 대해서도 여러 가지 질문이 이어졌다. 차분히 질문을 던졌지만 아마 사측 교섭단의 마음은 이렇지 않았을까? "설마 진짜로 이거 다 올려달라는 거 아니죠? 에이~ 설마~."

그렇게 우리의 첫 번째 '임금 교섭'호는 불안불안하지만 화끈한 출항을 시작했다. 앞으로 들이닥칠 폭풍우는 모른 채 말이다.

못 먹어도 고?
분하지만 스톱?

교섭은 예상했던 대로 잘 풀리지 않았다. 회차가 거듭될수록 각자 유리한 데이터를 제시하며 서로의 논리만 강화했고 견해차는 좀처럼 좁혀지지 않았다. 평행선을 긋는 답답한 시간이 이어졌다. 물론 처음 시작보다 우리 요구안은 많이 낮아져 있었고, 회사 제시 수준은 높아져 있었다. 하지만 그 격차는 너무 컸다.

"회사 측 인상 제시안은 중간 등급 기준 X%입니다."

두 달 가까이 지난하게 이어지던 일곱 번째 교섭 날의 일이었다. 회사는 각종 수당으로 인한 인건비 상승이 크다 보니 이게 최선을 다한 인상률이라고 했다. 또다시 각자의 논리가 이어졌다. 회사는 이 이상의 투자는 힘들다고 했고, 우리는 실적이 이렇게 좋은데 쪼잔하게 굴지 말라고 맞섰다. 서로를 설득하지 못하는 무의미한 말들이 오가던 중 우리 교섭의 대표를 맡고 있던 수도권 본부장이 답답했는지 말을 꺼냈다.

"저는 무식해서 그런가 말씀하시는 숫자들이 복잡해서 잘 모르겠어요. 하나만 물어봅시다. 노동조합이 이만큼이나 양보했는데 이 정도 요구도 과해요? 이렇게 돈 많이 벌었는데 직원들한테는 쓸 돈이 없어요?"

"돈 문제가 아니라…."

"그럼 뭐가 문젠데요? 많이 벌었으면 좀 쓰쇼!"

진짜로 본부장이 숫자나 우리의 임금 구조를 이해하지 못해서 그렇게 말한 것은 아니다. 높은 매출과 영업이익을 내는 회사의 태도가 마치 적자 기업 같으니 답답해서 한 말이었다. 우리는 지금의 상황을 타개할 방법이 필요했다. 다양한 방법이 있겠지만 노동조합의 최대 힘은 조합원의 지지와 의지다. 그래서 조합원들의 의지를 확인하고 여론을 형성하기 위해 지금까지의 상황을 설명하는 중간설명회를 개최했다. 그리고 설명회에 더해 여기서 더 밀어붙여야 할지, 멈춰야 할지 투표를 통해 의사를 물었다. 설명을 들은 조합원들은 더 밀어붙이자에 압도적으로 많은 표를 던져 확실한 의지를 보여주었다. 그렇게 조합원들의 의지를 확인한 우리는 더욱더 강하게 회사를 압박해 나갔다. 우리의 태도 변화와 압도적인 투표 결과가 유효했는지 사측은 적극적인 태도로 제시안을 차츰 높여갔다. 하지만 그 속도는 기대보다 매우 느렸다.

결국 선택의 순간이 다가오고 있었다. 우리의 요구안을 관철하기 위해 집단행동에 나설 것이냐? 분하지만 적절한 합의점을 찾아 멈출 것이냐? 어느 쪽 하나 선택하기 쉽지 않았다. 합의점을 찾아 멈추기에는 높아진 기대에 부응하지 못해 조합원 투표가 부결 날 것 같았다. 그렇다고 월급 올려달라는 이야기로 집단행동에 나서기엔 사회적 지지를 받기 어려워 보였다. 게다가 그때는 코로나19의 급속한 감염 속도로 전 세계가 셧다운되느니 마느니 하는 긴박한 상황이었다. 그렇게 우리는 고를 외치지도 스톱을 외치지도 못하는 답답한 순간에 놓였다.

고민에 고민이 쌓여가며 열 번째 교섭 날이 되었다. 이미 교섭은 두 달을 훌쩍 넘어가고 있었고 개인 연봉 협상 시기가 코앞으로 다가와 있었다(우리는 노조의 임금 교섭이 끝나야 개인별 연봉 협상을 시작한다). 이날 회사는 이런 점을 강조하며 실무부서의 문의가 빗발치고 있고, 빠른 결론이 필요하다고 말했다. 우리도 사측의 말이 그냥 우리를 압박하려는 속임수가 아님을 잘 알고 있었다. 결국 시간도 우리 편이 아니었다. 고? 아니면 스톱? 어느 쪽이 되었든 빠른 결정이 필요했다.

예상할 수 있는 온갖 경우의 수를 대입해 보았다. 교섭이 결렬되고 노동부 조정 절차를 밟게 된다면 어떤 결론이 날지, 우리가 과연 집단행동에 나서 파업을 할 수 있을지 모든 상황을 고려해 봤다. 하지만 마지막에 막히는 것은 역시 코로나19였다. 감염병 확산을 예방하기 위해 재택근무를 시행하고 있어 회사에는 사람이 거의 없었다. 지금 상황에서 집회와 같은 집단행동을 했을 때 얼마나 많은 사람이 동참해 줄지 알 수 없었다. 그보다 지금 그런 행동을 위해 모여도 되는지부터가 의문이었다. 임금 인상률을 높이는 것은 우리에게 너무나 중요한 일이었지만 건강과 생명보다 중요하지는 않았다. 결국 우리는 멈춰 서야 한다는 불편한 진실을 받아들여야만 했다.

마지막 교섭 날이 밝았다. 멈춰 설 결심으로 교섭장에 나갔지만 그래도 그 속에서 최대한 유리한 결과를 끌어내고 싶었다. 0.1%라도 높이기 위해 치열한 마지막 대화가 오갔다. 사측이 먼저 말을 꺼냈다.

"이미 교섭이 길어졌습니다. 오늘은 진짜 끝을 내야 하지 않겠습니까?"

"네, 그건 노조도 공감합니다. 하지만 이런 식으로는 끝이 나지 않을 거 같네요."

"좋습니다. 마지막으로 조건을 제시하겠습니다."

긴긴 대화 끝에 사측이 먼저 조건을 제시했다. 이제 진짜 선택의 순간이었다. 받아들일지 아니면 거부할지. 너무 무리한 조건만 아니면 합의하겠다는 결정을 하고 온 자리였지만 선택은 쉽지 않았다. 왜 그런 거 있지 않은가? 머리는 이해했는데 마음은 못 받아들이는 상황 말이다. 우리는 몇 가지 현금성 복지와 같은 조건을 더해 회사의 제안을 받아들였다. 그 뒤에는 적용 대상, 시점과 같은 세부적인 내용에 대한 질의응답이 오갔다. 모든 궁금증이 풀리고 점검할 사항을 모두 확인한 후, 길다면 길었던 100일간의 첫 번째 임금 교섭은 잠정 합의에 이르렀다.

양쪽 모두가 만족하지 못한 교섭이 가장 잘된 교섭이라는 업계(?) 격언도 있지만 시작이 화끈했던 만큼 아쉬움이 많이 남는 결과였다. 그래도 어쩌겠는가? 우리는 주어진 조건과 상황에서 우리의 모든 역량을 동원해 할 수 있는 것을 다 했고, 이젠 그 결과를 겸허히 받아들여야 했다. 그렇게 우리는 지난 교섭과 마찬가지로 다음 절차인 잠정합의안에 대한 조합원 설명회와 찬반 투표 준비를 시작했다.

최초 요구안 대비 낮은 결과에 걱정이 많았는데, 걱정이 무색하게 설명회는 무난히 끝났다. 그리고 이어진 찬반 투표도

90%의 참여율과 86%의 찬성을 기록하며 잠정합의안은 가결되었다. 투표 결과가 신경 쓰여 매일 밤잠을 설쳤는데 높은 찬성률을 본 이날은 푹 잘 수 있었다. "첫 임금 교섭은 아쉬움이 크게 남았지만, 그럭저럭 행복하게 마무리되었습니다!"라고 쓰고 싶지만, 아직 끝이 아니었다. 후유~.

처음으로 인상 기준이 공개된 탓인지 후폭풍은 상당했다. 그동안은 기준을 몰랐지만, 이번엔 비교할 수 있는 기준이 있으니 불만은 상당히 구체적으로 터져 나왔다. 등급별 인상률 차등 폭이 너무 작다/크다부터 최소 인상률이 적용된 직원들의 상대적 박탈감까지 다양했다. 그렇게 여러 채널로 교섭 결과에 대한 실망감과 미처 살피지 못한 문제점에 대한 이야기를 많이 들었다. 이 모든 게 우리 탓도 아니고 어쩔 수 없는 부분도 많았지만 애초에 인상률을 높게 따왔다면 어땠을까, 조금 더 세밀하게 요구안을 만들었으면 어땠을까 하는 후회가 밀려왔다. 하지만 이미 결정 난 결과를 바꿀 방법은 없었다. 그렇다면 최고의 선택은 분명했다. 지금의 상황을 정확히 확인해서 내년 교섭에서는 더 많이 개선하고 같은 실수를 반복하지 않는 것이었다.

그래서 이번 교섭에서 드러난 문제점과 보완이 필요한 점을 교섭위원들과 함께 하나하나 되짚어 보았다. 잘한 점, 못한 점, 부족한 점 등을 정리해 나가며 지난 교섭 과정을 복기했다. 이렇게 차근차근 짚어보니 교섭 때는 보이지 않았던 문제점이 보이며 다양한 인사이트를 얻을 수 있었다. 그렇게 끝을 낼까 하다가 조합원 시각에서는 다른 의견이 있을 수 있겠다 싶어 정리된 내용을 기반으로 조합원 간담회를 열었다. 간담회에는 다양한 직군, 다양한 연차의 조합원들이 참석해 교섭위원이나 집행부가 미처 생각하지 못했던 것들에 대한 소중한 의견을 주셨다. 그렇게 정리된 내용과 해결 방안은 전체 공지가 되었고, 내년 교섭 요구안에 반영하겠다는 약속을 끝으로 후폭풍은 조금씩 사그라들었다. 나의 첫 임금 교섭도 아쉬움을 진하게 남기며 끝이 났다.

이제 끝? 아니 이제 다시 시작

아무 생각 없이 시작한 나의 노동조합 분투기는 많은 일을 거치고 거쳐 임금 교섭까지 흘러왔다. 흔히들 업계용어(?)로 이 정도면 노동조합 일 한 바퀴는 돌았다고 표현한다. 굵직굵직한 이벤트는 한 번씩 다 해봤다는 의미다. 그러나 노동조합 일은 굵직한 이벤트가 다가 아니다. 이렇게 한 번의 큰 이벤트(교섭)가 끝나면 다시 또 일상 활동이 이어진다.

그 속에서 다시 사측과 갈등을 겪기도 할 것이고, 조합원들이 가끔 건네주는 선물에 감동도 할 것이다. 그리고 또 게임업계를 둘러싼 외부의 공격(?)에 대응도 할 것이다. 그렇게 정신없이 바쁘게 시간을 보내다 보면 다시 교섭의 시간이 돌아올 것이고 그러면 또 열심히 조합원들의 의견을 모아 치열하게 교섭에 임할 것이다. 이런 과정을 몇 번 반복하다 보면 나의 임기도 끝날 것이고, 그럼 원래 나의 자리로 돌아가 다시 예전과 같은 삶을 살게 될 것이다.

작은 바람이 있다면 그렇게 내 자리로 다시 돌아가는 날, 뒤를 돌아보며 "와! 진짜 이게 최선이었다. 다시 해도 더 잘할 자신 없다!" 하고 후회 없이 떠나는 것이다. 그러기 위해 오늘도 부족한 능력을 '영끌'해 최선을 다하며 하루하루 디데이를 세어본다.

아! 한마디만 더! 사람들이 개별적이라 절대 뭉치지 않을 거라 장담하던 게임·IT업계에 노동조합이 생긴 지 3년의 세월이 흘렀다. 사람으로 치면 이제 막 걸음마를 떼고 달리기를 생각해 볼 때가 된 것이다. 지난 시간의 실패를 교훈 삼아 더 빨리 더 높이 뛰어오를 날을 기대해 본다. 그렇게 우리가 열심히 뛰어 도착한 그곳은 누구의 괴롭힘도 없는 곳, 열심히 일한 만큼 공정하게 보상받을 수 있는 곳이기를 바란다.

나는 귀족(노조)일까?

뭐… 일단 무척이나 되고 싶다. 진심이다. 하지만 불행히도 당연히도 귀족은 아니다. 지금까지의 내용을 보고 귀족이라고 생각하는 사람은 없을 것 같다. 이렇게 욕먹어 가며 성실히 일하는 귀족 본 적 있는가.

그럼 어쩌다 '노조 놈들은 귀족이다'라는 인식이 사람들의 머릿속에 자리 잡았을까? 여러 가지 복잡한 사연과 다양한 이유가 있을 것 같다. 노조 경력이 몇 년 안 된 내가 원인을 선명히 분석할 깜냥은 없다. 게다가 내가 노조 전체를 대표하는 위치도 아니다. 그러나 서당 개 3년이면 풍월을 읊는다고 몇 년간 겪어보니 몇 가지 이유는 댈 수 있을 것 같다. 물론 지극히 주관적인 생각이다.

공정하지 못한 언론 보도

노동부 공식 통계에 따르면 2020년 기준 노동조합은 6,564개, 가입된 조합원은 약 280만 명이다. 가지 많은 나무에 바람 잘 날 없다고 그 속에는 수많은 갈등과 사건·사고가 있다. 그리고 그런 갈등은 대체로 눈을 뜨고 귀를 기울여보면 고개가 끄덕여지는 일들이 대다수다. 하지만 언론은 이러한 복잡한 갈등의 서사보다는 이 갈등으로 빚어진 현상, 가령 파업이나 집회 같은 결론을 주로 다룬다. 이렇게 되면 기승전을 모르는 제삼자인 시민들은 내 생활에 불편을 주는 노조를 좋게 보기 어렵다. 게다가 이것이 형편이 조금 좋은 노동자들이면 가진 것에 만족하지 못하고 욕심만 부리는 집단으로 보일지 모른다. 이렇게 부정적인 인식이 차곡차곡 쌓여, 약자에

대한 배려는 없고 자기 집단만 생각하는 욕심쟁이라는 인식
이 형성된 게 아닐까 싶다. 매우 아쉬운 일이다.

이미 가진 편견

내가 노동조합 간부를 한다고 하니 절친 어머니께서 "젊은
놈이 일해서 돈을 벌어야지, 데모해서 돈 벌려고 하면 못쓴
다!" 하셨다. 이 말은 다른 어른들(?)에게도 많이 들었다. 차
라리 그게 진실이라면 "인생 좀 편하게 살 수도 있는 거지, 왜
부러우세요?"라고 능글맞게 반문이라도 할 것 같다. 진실은
그렇지 않다고 아무리 현실을 말씀드려도 도무지 들으려고
하지 않으신다. 그럴 때는 참 난감하다. 심지어 우리 어머니
조차도 "그렇게 인생 망치려고 할 거면 보지 말자"라고 절연

을 선언하실 정도였다. 물론 시간이 지난 지금은 멋쩍어하신다. 이렇듯 이미 자리 잡은 편견은 가족 정도나 돼야 시간을 거쳐 바꿔낼 수 있는 것 같다. 내가 가진 생각이 온전한 나의 판단인지, 아니면 막연한 생각인지 고민해 봤으면 좋겠다.

그래서 노조는 무죄?

그럼 '귀족노조'라는 잘못된 인식은 공정하지 못한 언론 보도와 편견 탓이기만 할까? 당연히 아니다. 노동조합의 잘못도 있을 것이다. 아니 땐 굴뚝에 자연발화도 있는 세상이긴 하지만, 대체로 아니 때면 연기가 나지 않는다. 사회 공동체 전체의 이익보다 집단의 이익을 더 우선시한 일도 있을 것이고, 어려운 처지에 있는 노동자를 위해 더 많이 힘써주지 못한 탓도 있을 것이다. 그리고 정당한 목적을 위해 정당하지 않은 수단을 쓴 때도 있었을 것이다. 그렇기에 노조에 속하지 않은 더 많은 노동자에게 지지보다 비난을 더 많이 받는 것 아닐까 싶다. 이들의 지지를 다시 받기 위해서라도 변화는 필요하다. 왜냐하면 지금처럼 노동자와 시민들에게 지지받지 못한다면 노동조합의 존재 이유는 점점 더 작아질 것이기 때문이다.

그럼 어떻게 하면 좋을까?

나도 정답은 모른다. 하지만 확실한 것은 바뀌지 않을 상대를 원망하는 것보다 우리가 먼저 스스로 변화하려고 노력하는 것이 더 큰 효과와 의미가 있다는 것이다. 그럼 무엇부터 해야 할까? 정답은 아니겠지만 해결 방안 하나 정도는 떠오른다. 우리가 왜 이 힘든 짓(?)을 하고 있는지 더 열심히 알리는 것이다. 바로 이해와 공감이다. 사람들은 알게 되면 이해하고, 이해하면 공감한다. 그리고 공감하면 힘을 나눠준다. 결국 노동조합의 힘은 이런 수많은 '을'들의 힘이 모였을 때 비로소 생기는 것 아닐까?

글로 쓰니 참 쉬운데 실제로 하려면 무척 어려운 일이다. 하지만 시간이 걸리더라도 변화는 반드시 필요하다. 우선 나부터 변화를 위해 노력 중이다. 나의 미약한 노력이 마중물이 되어 서서히 더 큰 변화가 일어나길 기원해 본다. 그래서 언젠가는 "데모하는 썩을 놈"이 아니라 "고생하는 대견한 놈" 소리를 절친 어머니께 들어보고 싶다.

판교 IT·게임 노동자
노동 환경 실태

민주노총 화섬식품노조 IT위원회

- 조사 대상 : 성남 판교 지역 IT·게임 노동자
- 조사 방식 : 온라인 설문조사
- 조사 기간 : 2020년 10월 12일~11월 13일
- 전체 응답자 수 : 809명

설문 분석 결과

1. 주 52시간 상한제 관련

1-1. 최근 6개월간 주 52시간 이상 근무한 적 있는지?

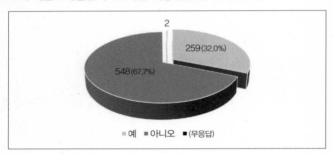

| 그림1. 최근 6개월간 주 52시간 초과 근무 경험(명, %) |

- 최근 6개월 동안 주 평균 52시간을 초과하여 근무한 적 있는지에 대해 설문 참여자의 32.0%인 259명이 '예'라고 응답했다. '아니오'는 67.7%였고, 무응답이 2명이었다.
- 응답자 10명 중 3명 이상이 최근 6개월 사이에 주 52시간을 초과해서 근무한 경험이 있다는 응답을 보인 셈이다.
- 한편, 주 최대 52시간 상한제에 대한 법적 기준은 지난 2018년 7월부터 300인 이상 사업장에 적용하고 있고, 2020년 1월부터는 50인 이상 300인 미만 사업장으로 확대된 바 있다.

규모별 주 52시간 초과 근무 경험 비교
- 주 52시간 초과 근무 경험자(259명)들의 소속 사업장 규모는 300인 이상 소속이 42.9%로 가장 많았고, 5~100인 미만 32.8%, 100~300인 미

사업장 규모	전체 응답자 ⓐ	주 52시간 초과 근무 경험자 ⓑ	비율1*	비율2** = ⓑ÷ⓐ
5인 미만	33	27	10.4%	81.8%
5~100인 미만	175	85	32.8%	48.6%
100~300인 미만	106	36	13.9%	34.0%
300인 이상	495	111	42.9%	22.4%
합계	809	259	100.0%	32.0%

* 비율1 : 주 52시간 초과 근무 경험자 중 비율
** 비율2 : 동일 규모 내 응답자 중 주 52시간 초과 근무 경험자 비율

| 표1. 사업장 규모별 주 52시간 초과 근무 경험 현황(명, %) |

만 13.9%, 5인 미만 10.4% 순이었다.

- 그런데, 각 규모별 응답자를 기준으로 주 52시간 초과 근무 경험 비율을 살펴보면 [표1]에서와 같이 5인 미만이 81.8%로 가장 높았다. 다음이 5~100인 미만(48.6%), 100~300인 미만(34.0%), 300인 이상(22.4%) 순으로 나타났다.

- 이와 같이 사업장 규모가 작은 곳일수록 주 52시간 초과 근무 경험률이 높게 나타났다. 5인 미만에서는 10명 중 8명 이상, 5~100인 미만에서는 10명 중 4~5명, 100~300인 미만에서는 10명 중 3명 정도가 주 52시간 초과 근무를 경험했다고 응답했다.

- 또한, 전체 응답자의 32.0%가 주 52시간 초과 근무를 경험했다고 응답했는데, 각 규모별 응답 결과에서는 300인 미만 구간 모두가 전체 경험률(32.0%)을 상회하는 초과 근무 경험률을 보였다.

- 현재 법적 적용 기준이 50인 이상 사업장인데, 설문항 설계에서는 이를 따로 구분할 수 없어서 100인 이상 규모로 살펴봤다. 주 52시간 초과 근무 경험자 전체 259명 중 100인 이상 소속은 147명으로 나타났는데, 이는 100인 이상 소속 설문 응답자(601명)의 24.5%에 해당되는 수치다. 즉, 법 적용 대상 사업장 소속 응답자 10명 중 2.5명이 법적 한도를 넘어선 초과 노동을 하고 있다는 응답이다.

노동조합 유무에 따른 주 52시간 초과 근무 경험 비교

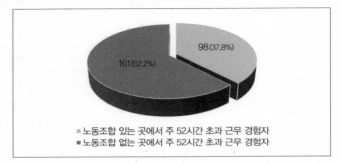

161(62.2%)   98(37.8%)

■ 노동조합 있는 곳에서 주 52시간 초과 근무 경험자
■ 노동조합 없는 곳에서 주 52시간 초과 근무 경험자

| 그림2. 노조 유무에 따른 주 52시간 초과 근무 경험 비교(명, %) |

- 주 52시간 초과 근무 경험자 중 자기 사업장에 '노동조합이 있다'는 응답이 37.8%인데, '노동조합 없다'는 응답은 62.2%로 나타났다.
- 결과적으로 주 52시간 초과 근무 경험은 '노조 있는 곳'보다 '노조 없는 곳'에서 훨씬 높게 나타났다.

업계 경력 연수에 따른 주 52시간 초과 근무 경험 비교

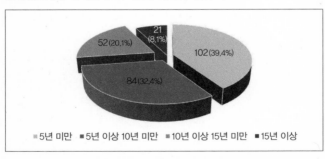

52(20.1%)   21(8.1%)   102(39.4%)   84(32.4%)

■ 5년 미만 ■ 5년 이상 10년 미만 ■ 10년 이상 15년 미만 ■ 15년 이상

| 그림3. 경력 연수별 주 52시간 초과 근무 경험(명, %) |

주 52시간을 초과하는 근무 경험은 업계 경력 연수가 짧을수록 더 많이 나타났다. 5년 미만이 102명(39.4%), 5~10년 미만 84명(32.4%), 10~15년 미만 52명(20.1%), 15년 이상 21명(8.1%)이었다.

사업장 규모	전체 응답자 ⓐ	주 52시간 초과 근무 경험자 ⓑ	비율1	비율2 = ⓑ÷ⓐ
5년 미만	297	102	39.4%	34.3%
5년 이상 10년 미만	250	84	32.4%	33.6%
10년 이상 15년 미만	174	52	20.1%	29.9%
15년 이상	88	21	8.1%	23.9%
합계	809	259	100.0%	32.0%

| 표2. 각 경력별 주 52시간 초과 근무 경험 비교(명, %) |

- 각 경력별 응답자 기준으로도 5년 미만 응답자의 34.3%, 5~10년 미만 33.6%, 10~15년 미만 29.9%, 15년 이상 23.9%가 주 52시간 초과 근무를 경험했다고 응답했다.
- 각 경력별 기준으로 하더라도 경력 연수가 짧은 응답자들에서 주 52시간 초과 근무 경험률이 높게 나타난 셈이다.

1-2. 주 52시간 이상 근무 시 추가 보상(수당, 휴가 등)을 지급받은 적 있는지?

구분	응답자(명)	비율1	비율2
지급받은 적 없다	72	27.7%	8.9%
회사 시스템상 근무시간을 기록하지 않음	51	19.6%	6.3%
지급받은 적 있다	137	52.7%	16.9%
(문항 응답자)	260	100.0%	32.1%
전체 설문 응답자	809		100.0%

| 표3. 주 52시간 초과 근무 시 추가 보상 지급 여부(명, %) |

- 주 52시간 초과 근무에 따른 추가 보상(연장 수당 등)을 '지급받은 적 없다'고 응답한 경우는 해당 문항 응답자(260명)의 27.7%였다. '시스템상 근무시간 기록하지 않음'이 19.6%였고, '지급받은 적 있다'가 52.7%로 나타났다.
- '지급받은 적 없다'는 응답과 '시스템상 기록하지 않음'을 합한 문항 응답자의 47.3%는 실제 추가 보상을 지급받지 못한 것으로 보인다.

구분	규모별 전체 응답자	추가 보상 미수령	비율1	비율2
5인 미만	33	6	4.9%	18.2%
5~100인 미만	175	54	43.9%	30.9%
100~300인 미만	106	21	17.1%	19.8%
300인 이상	495	42	34.1%	8.5%
합계	809	123	100.0%	15.2%

| 표4. 주 52시간 초과 근무하고 추가 보상 미수령 경우(규모별/명, %) |

- 주 52시간 이상 근무하고도 수당 등 추가 보상을 지급받지 못한 경우를 규모별 응답자 기준으로 살펴보면, '5~100인 미만' 응답자 구간에서 30.9%로 가장 높게 나타났다. '100~300인 미만' 구간이 19.8%, '5인 미만'에서 18.2%로 나왔다.
- 주 52시간 초과 근무하고도 추가 보상을 지급받지 못한 경우도 대체적으로 규모가 작은 사업장에서 더 높게 나타났다. 100인 미만 전체 응답자(208명) 중에서 추가 보상을 지급받지 못한 경우(60명)는 28.8%였다. 100인 미만 응답자 10명 중 3명꼴로 주 52시간 초과 근무를 하고도 추가 보상을 지급받지 못한 것으로 나타났다.

1-3. 주 52시간 관련한 사용자 단체의 주장에 대한 의견

- 사용자 단체가 주 52시간 법적 상한제에 대해 "일할 권리 침해"라며, 노

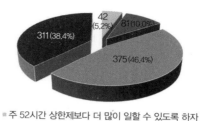

| 그림4. 주 52시간 상한제 관련 사용자 단체의 주장에 대한 의견 분포(명, %) |

동시간을 "더욱 유연하게 사용할 수 있어야" 한다는 주장을 펼치고 있는데, 이에 대한 응답자들의 반응은 [그림4]와 같이 나타났다.

- 사용자 단체 주장처럼 '주 52시간 상한제보다 더 많이 일할 수 있도록 하자'는 의견은 전체 응답자의 5.2%에 불과했다.
- 가장 많은 의견은 '주 52시간 상한제가 안착되도록 노력해야 한다'(46.4%)였다. 다음이 '스웨덴, 덴마크, 네덜란드처럼 주 4일제 도입'이 38.4%, '기업 규모별 차등 적용'이 10.0%로 나타났다.

2. 포괄임금제

2-1. 포괄임금제 시행 여부

- 포괄임금제 시행 여부에 대한 응답자는 전체 응답자 809명 중 806명(무응답 3명)이었다. 이들 응답자 중 지금도 포괄임금제를 시행하고 있다는 응답이 46.4%였고, 시행하지 않고 있다는 응답이 53.6%였다.

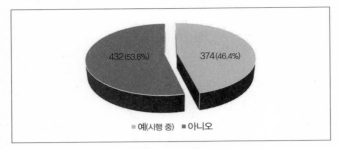

| 그림5. 포괄임금제 시행 여부(명, %) |

2-2. 회사 규모별 시행 여부

규모	전체 응답자	포괄임금제 시행 중	비율1	비율2
5인 미만	33	24	6.4%	72.7%
5~100인 미만	175	128	34.2%	73.1%
100~300인 미만	106	63	16.8%	59.4%
300인 이상	495	159	42.5%	32.1%
합계	809	374	100.0%	46.2%

| 표5. 규모별 포괄임금제 시행 여부(명, %) |

- 규모별로는 작은 사업장일수록 포괄임금제를 지금도 시행하고 있다는 응답이 높게 타났다. 5~100인 미만(73.1%)이 가장 높았고, 5인 미만 (72.7%), 100~300인 미만(59.4%) 순이었다.
- 300인 미만 규모에서는 각 규모별 응답자의 과반 이상이 현재 포괄임 금제를 시행하고 있다는 응답을 보였다.

2-3. 노동조합 있는 곳과 없는 곳에서 포괄임금제 시행 비교

- 현재 포괄임금제를 시행하고 있다는 응답자들 사업장에 '노동조합이

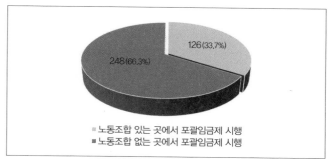

| 그림6. 포괄임금제 시행 사업장의 노동조합 유무(명, %) |

있다'고 답한 경우가 33.7%였고, '노동조합이 없다'가 해당 문항 응답자의 2/3에 해당하는 66.3%로 나타났다.

• 포괄임금제가 지금도 시행되고 있다는 응답은 노동조합이 '있는 곳'보다 '없는 곳'에서 훨씬 많이 나타났다.

3. 직장 내 괴롭힘(성희롱 포함)

3-1. 직장 내 괴롭힘 경험(또는 목격) 여부

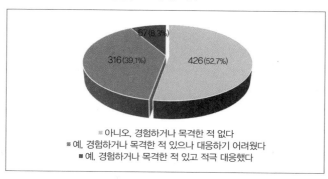

| 그림7. 직장 내 괴롭힘 경험 여부(명, %) |

- 성희롱을 포함한 직장 내 괴롭힘을 '경험하거나 목격한 적 있고 적극 대응했다'가 8.3%였고, '경험하거나 목격한 적 있으나 대응하기 어려웠다'가 39.1%였다. '경험하거나 목격한 적 없다'는 52.7%였다.
- 설문 응답자의 47.3%(383명)가 성희롱을 포함한 직장 내 괴롭힘을 경험하거나 목격한 적 있다고 응답했다. 10명 중 4~5명꼴로 유경험을 표현한 셈이다.

3-2. 규모별 괴롭힘 경험(또는 목격) 여부 비교

규모	전체 응답자	직장 내 괴롭힘 경험	비율1	비율2
5인 미만	33	24	6.3%	72.7%
5~100인 미만	175	96	25.1%	54.9%
100~300인 미만	106	47	12.3%	44.3%
300인 이상	495	216	56.4%	43.6%
합계	809	383	100.0%	47.3%

| 표6. 규모별 직장 내 괴롭힘 경험 비교(명, %) |

- 사업장 규모가 작은 곳일수록 직장 내 괴롭힘을 경험하거나 목격한 경우도 상대적으로 많은 것으로 나타났다. 각 규모별 기준으로 보면, 5인 미만에서 72.7%가 괴롭힘을 경험하거나 목격했다는 응답을 보였다. 5~100인 미만에서는 54.9%, 100~300인 미만 44.3%, 300인 이상 43.6%가 직장 내 괴롭힘을 경험하거나 목격했다고 응답했다.
- 특히, 5인 미만 응답자(33명)의 72.7%가 직장 내 괴롭힘을 경험(목격 포함)했다고 응답했고, 5~100인 미만 사업장 응답자 중에서는 과반이 넘는 54.9%가 괴롭힘을 경험했다고 응답했다. 말하자면, 5인 미만 사업장에서는 10명 중 7명, 5~100인 사업장에서는 10명 중 5~6명이 직장 내 괴롭힘을 경험하거나 목격했다는 얘기가 된다.

3-3. 노동조합 유무와 괴롭힘 경험(또는 목격) 여부 비교

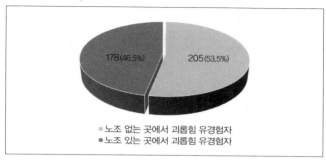

노조 없는 곳에서 괴롭힘 유경험자
노조 있는 곳에서 괴롭힘 유경험자

| 그림8. 노조 있는 곳과 없는 곳에서 직장 내 괴롭힘 경험 비교(명, %) |

- 노동조합이 '있는 곳'과 '없는 곳'에서 직장 내 괴롭힘을 경험하거나 목격한 비율은 어떤 차이가 있는지 살펴봤다.
- 설문 결과에 의하면, '노조 없는 곳'에서 괴롭힘을 경험한 비율(53.5%)이 '노조 있는 곳'(46.5%)에서의 비율보다 높게 나타났다.

3-4. 경험한 직장 내 괴롭힘의 형태

- 경험한 직장 내 괴롭힘(성희롱 포함)의 형태별 응답에서는 '개인사에 대한 뒷담화나 소문의 주인공이 됨'이 17.3%로 가장 많았다.
- 그다음으로는 '온라인상 욕설이나 위협적인 말'이 13.8%였고, '업무와 관련된 중요 정보 제공이나 의사결정 과정에서 배제당함'이 13.2%, '정당한 이유 없이 징계, 전보, 승진, 보상 등의 인사조치를 당함'이 12.7% 순으로 나타났다.

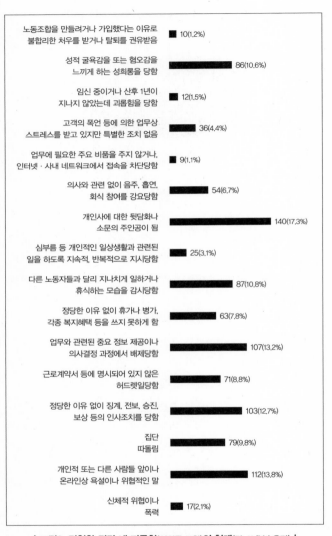

노동조합을 만들려거나 가입했다는 이유로
불합리한 처우를 받거나 탈퇴를 권유받음 ▮ 10(1.2%)

성적 굴욕감을 또는 혐오감을
느끼게 하는 성희롱을 당함 ▮▮▮▮▮▮▮▮▮ 86(10.6%)

임신 중이거나 산후 1년이
지나지 않았는데 괴롭힘을 당함 ▮ 12(1.5%)

고객의 폭언 등에 의한 업무상
스트레스를 받고 있지만 특별한 조치 없음 ▮▮▮ 36(4.4%)

업무에 필요한 주요 비품을 주지 않거나,
인터넷·사내 네트워크에서 접속을 차단당함 ▮ 9(1.1%)

의사와 관련 없이 음주, 흡연,
회식 참여를 강요당함 ▮▮▮▮▮ 54(6.7%)

개인사에 대한 뒷담화나
소문의 주인공이 됨 ▮▮▮▮▮▮▮▮▮▮▮▮▮ 140(17.3%)

심부름 등 개인적인 일상생활과 관련된
일을 하도록 지속적, 반복적으로 지시당함 ▮▮ 25(3.1%)

다른 노동자들과 달리 지나치게 일하거나
휴식하는 모습을 감시당함 ▮▮▮▮▮▮▮▮▮ 87(10.8%)

정당한 이유 없이 휴가나 병가,
각종 복지혜택 등을 쓰지 못하게 함 ▮▮▮▮▮▮ 63(7.8%)

업무와 관련된 중요 정보 제공이나
의사결정 과정에서 배제당함 ▮▮▮▮▮▮▮▮▮▮ 107(13.2%)

근로계약서 등에 명시되어 있지 않은
허드렛일당함 ▮▮▮▮▮▮▮ 71(8.8%)

정당한 이유 없이 징계, 전보, 승진,
보상 등의 인사조치를 당함 ▮▮▮▮▮▮▮▮▮▮ 103(12.7%)

집단
따돌림 ▮▮▮▮▮▮▮▮ 79(9.8%)

개인적 또는 다른 사람들 앞이나
온라인상 욕설이나 위협적인 말 ▮▮▮▮▮▮▮▮▮▮▮ 112(13.8%)

신체적 위협이나
폭력 ▮▮ 17(2.1%)

| 그림9. 경험한 직장 내 괴롭힘(성희롱 포함)의 형태(명, %/복수응답) |

3-5. 현재 근무하는 회사에서 직장 내 괴롭힘은 어떻게 해결되고 있는가?

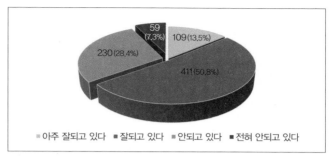

| 그림10. 직장 내 괴롭힘 해결 정도(명, %) |

- 현재 근무하고 있는 회사에서 직장 내 괴롭힘 해결이 어떻게 되고 있는 지에 대한 질문에는 '잘되고 있다'가 50.8%, '아주 잘되고 있다'가 13.5%로 나타났다. 직장 내 괴롭힘 해결이 전반적으로 잘되고 있다는 응답이 전체의 64.3%였다.

- 반면, '안되고 있다' 28.4%와 '전혀 안되고 있다' 7.3%를 합한 35.7%가 부정적 의견을 표시했다.

규모	전체 응답자	괴롭힘 해결 안된다는 응답	비율1	비율2
5인 미만	33	18	6.2%	54.5%
5~100인 미만	175	75	26.0%	42.9%
100~300인 미만	106	28	9.7%	26.4%
300인 이상	495	168	58.1%	33.9%
합계	809	289	100.0%	35.7%

| 표7. 규모별로 직장 내 괴롭힘 해결이 안되는 정도(명, %) |

직장 내 괴롭힘 해결이 잘 안되는 경우도 사업장 규모가 작을수록 그 비

율이 높게 나타나는 경향을 보였다. 각 규모별 응답자 기준으로 보면, 5인 미만 응답자의 54.5%가 해결이 잘 안 된다고 응답하여 부정적 반응이 가장 높게 나타났다. 그다음으로 5~100인 미만이 42.9%, 100~300인 미만 26.4%, 300인 이상 33.9%로 나타났다.

3-6. 직장 내 괴롭힘(성희롱 포함) 처리를 강화하기 위한 제도적 내용

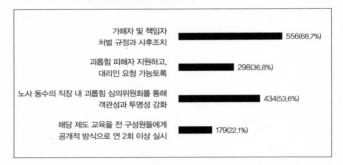

가해자 및 책임자
처벌 규정과 사후조치 — 556(68.7%)

괴롭힘 피해자 지원하고,
대리인 요청 가능토록 — 298(36.8%)

노사 동수의 직장 내 괴롭힘 심의위원회를 통해
객관성과 투명성 강화 — 434(53.6%)

해당 제도 교육을 전 구성원들에게
공개적 방식으로 연 2회 이상 실시 — 179(22.1%)

| 그림11. 직장 내 괴롭힘 처리 강화를 위해 포함되어야 할 내용(명, %/복수응답) |

- 직장 내 괴롭힘(성희롱 포함) 처리를 강화하기 위한 제도적 내용에서는 '가해자 및 책임자 처벌 규정과 사후조치'가 68.7%로 가장 많이 나왔다.
- '노사 동수의 심의위원회를 통해 객관성과 투명성 강화'가 53.6%로 그 다음이었고, '괴롭힘 피해자 지원하고 대리인 요청 가능'이 36.8%, '전 구성원에게 제도 교육을 공개적 방식으로 실시'가 22.1%의 순으로 나타났다.
- 대체적으로 가해자나 책임자에 대한 처벌, 사후조치를 강화하는 것, 문제 해결을 위한 객관적이고 투명한 절차와 제도의 필요성에 더 많이 공감하는 것으로 보인다.

4. 결론

1) 주 52시간 상한제 관련

- 판교 지역 IT·게임 노동자 10명 중 3명 이상(32.0%)이 최근 6개월간 주 52시간을 초과하여 근무한 경험이 있다고 응답했다. 그런데, 주 52시간 초과 근무자 중 47.3%는 52시간 초과 근무에 따른 수당 등의 적절한 보상을 지급받지 못했다고 응답했다. 이는 전체 설문 응답자 기준으로는 15.1%에 해당된다.

- 주 52시간 초과 근무 경험은 규모가 작은 사업장일수록 그 비율이 높게 나타났다. 특히, 5인 미만 규모에서는 응답자 10명 중 8명이 초과 근무를 경험했다고 응답했고, 5인 이상 100인 미만에서는 10명 중 4.8명꼴로 초과 근무 경험을 표현했다. 또한 주 52시간 초과 근무 경험은 노동조합이 있는 곳(37.8%)이 없는 곳(62.2%)보다 훨씬 낮게 나타났다.

- 주 52시간 초과 근무하고도 추가 보상을 지급받지 못한 경우도 대체적으로 규모가 작은 사업장에서 더 높게 나타났다. 100인 미만 전체 응답자(208명) 중에서 추가 보상을 지급받지 못했다는 응답(60명) 비율은 28.8%였다. 100인 미만 응답자 10명 중 3명꼴로 주 52시간 초과 근무를 하고도 추가 보상을 지급받지 못했다는 응답이었다.

- 사용자 단체의 '주 52시간 상한제가 일할 권리 침해'라는 주장에 대해 응답자의 5.2%만이 동의하는 반응을 보였다. 대다수는 주 52시간 상한제가 안착되도록 노력(46.4%)하거나, 주 4일제 도입(38.4%), 규모별 차등 적용(10.0%)의 의견을 보였다.

2) 포괄임금제

- 포괄임금제를 시행하고 있다는 응답이 설문 응답자의 46.4%로 나타나, 여전히 판교 지역 다수 사업장에서 포괄임금제가 폐지되지 않고 있음

을 시사했다.

- 포괄임금제 역시 규모별로는 작은 사업장일수록 시행 중이라는 응답이 높게 나타났다. 5인 미만이나 5~100인 미만 응답자 10명 중 7명 이상이 포괄임금제 시행 중이라고 응답했다.

- 포괄임금제가 유지되는 사업장은 노동조합 있는 곳(33.7%)과 없는 곳(66.3%)에서도 마찬가지의 큰 차이를 보였다.

3) 직장 내 괴롭힘(성희롱 포함)

- 성희롱을 포함한 직장 내 괴롭힘을 경험하거나 목격한 경우도 설문 응답자의 절반에 가까운 47.3%로 나타났다.

- 괴롭힘의 형태별로는 '개인사에 대한 뒷담화나 소문의 주인공이 됨'이 가장 많았다. 그다음으로는 '온라인상 욕설이나 위협적 말', '업무와 관련된 중요 정보 제공이나 의사결정 과정에서 배제당함', '정당한 이유 없이 징계, 전보, 승진, 보상 등의 인사조치를 당함' 등의 순이었다.

- 직장 내 괴롭힘 경험도 작은 규모 소속 응답자일수록 높게 나타났다. 5인 미만 응답자 10명 중 7명 이상과, 5~100인 미만 응답자 10명 중 5.5명꼴로 괴롭힘을 경험하거나 목격했다고 응답했다.

- 직장 내 괴롭힘의 해결이 '잘 안되고 있다'는 응답은 전체의 35.7%로 10명 중 3~4명은 현재 회사의 괴롭힘 해결 방안에 신뢰를 보내지 않고 있는 것으로 나타났다. 해결 방안에 대한 불신도 규모가 작은 곳일수록 높게 나타났다. 특히 5인 미만의 경우는 54.5%가 잘 안되고 있다는 부정적 의견을 나타났고, 5~100인 미만에서는 42.9%로 나타났다.

- 직장 내 괴롭힘 처리를 위해 제도적으로 강화해야 할 내용으로는 '가해자 및 책임자에 대한 처벌과 사후조치'(68.7%)를 가장 많이 꼽았다. 그다음이 '노사 동수의 괴롭힘 심의위원회를 통해 객관성과 투명성 강화'(53.6%)였다.

4) 종합

- [그림12]에서와 같이 전반적으로 규모가 작은 사업장일수록 주 52시간 초과 근무 경험 비율이나 포괄임금제 존속 비율 및 직장 내 괴롭힘 경험 비율 등이 높게 나타났다. 또한 주 52시간 초과 근무 경험의 경우는 경력 연수가 짧을수록 그 비율이 높게 나타났다.

- 한편, 노동조합 없는 사업장이 노조 있는 사업장에 비해 주 52시간 초과 근무 경험이나 포괄임금제 존속, 직장 내 괴롭힘 등의 비율이 월등히 높게 나타났다. 노동조합 존재 여부가 사업장 내에서 노동 조건의 유지·개선에 많은 영향을 끼치고 있음을 확인할 수 있는 대목이다.

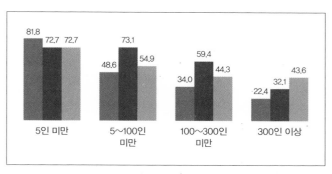

| 그림12. 규모별 각 항목 비교(%) |

- 설문은 코로나19 등으로 현장의 노동 조건에 많은 변화와 불이익이 발생하고 있는 상황을 감안하여, 주 52시간 상한제를 비롯하여 포괄임금제, 직장 내 괴롭힘 적용 실태 등만 긴급히 설문하는 것으로 설계했다.

- 따라서 판교 지역 IT·게임 노동자들의 노동 환경 실태는 물론이고, 산업 환경 조건과 현황 등을 보다 폭넓게 조사·설문할 필요가 있다. 이를 통해 판교 지역 노동 현실을 개선하여 노동기본권을 신장할 수 있는 정책 방향을 수립해 나가도록 보완되어야 할 것이다.

처음이라 4

노동조합은 처음이라

1판 2쇄 발행 2023년 3월 15일 | **1판 1쇄 발행** 2022년 5월 20일

글쓴이 신광균 | **일러스트** 황지희 | **펴낸이** 임중혁 | **펴낸곳** 빨간소금

등록 2016년 11월 21일(제2016-000036호) | **주소** (01021) 서울시 강북구 삼각산로 47, 나동 402호

전화 02-916-4038 | **팩스** 0505-320-4038 | **전자우편** redsaltbooks@gmail.com

ISBN 979-11-91383-18-8(03300)

• 책값은 뒤표지에 있습니다.